엄마의
환경 수업

• 사진을 제공해주셔서 도움을 받았습니다.

녹색연합 | 페이지: 48, 52, 52, 82, 92, 175, 217, 249, 254, 258, 264

알맹상점 | 페이지: 86, 178, 203, 221

알짜 | 페이지: 142

농부시장 마르쉐 | 페이지: 128

인류세를 사는 10대를 위한

엄마의 환경수업

초판 1쇄 인쇄   2024년 1월 20일

초판 1쇄 발행   2024년 1월 31일

지은이   정명희

펴낸이   송주영

펴낸곳   북센스

편집   조윤정

디자인   책은우주다

출판등록   2019년 6월 21일 제2021-000178호

주소   서울시 마포구 성산로 2길 45, 4층

전화   02-3142-3044

팩스   0303-0956-3044

이메일   ibooksense@gmail.com

ISBN 979-11-91558-42-5 (03300)

• 이 도서는 한국출판문화산업진흥원의 '2023년 중소출판사 출판콘텐츠 창작 지원 사업'의 일환으로 국민체육진흥기금을 지원받아 제작되었습니다.

인류세를 사는 10대를 위한

정명희 지음

엄마의 환경 수업

북센

환경운동가 엄마의 별난 이야기를 시작합니다

꿈이 뭐니? 장래희망이 뭐니? 여러분도 이런 질문을 많이 듣지요?
전 어른이 되어 사회에 나가 직업을 가져야 할 무렵까지도 이런 질
문에 답을 찾지 못했어요. 대신 내가 가장 많이 마음을 쓰고 오래오
래 떠올리는 일이 뭔지를 더 많이 생각했어요. 그것은 자연이 원래
의 모습을 잃어가는 곳, 어느 강에 만들어진다는 댐 소식, 멀리 히말
라야 산기슭에 버려져 있던 플라스틱 병, 한번 쓰고 버린 우유팩, 고
향 바닷가에 점점 많아지는 쓰레기 같은 것들이었어요. 그래, 그럼
이런 걸 조금이라도 해결할 수 있는 일을 찾아야겠다고 마음먹자,
자연스럽게 환경운동가가 되었어요.

환경운동가로 지내다 보면 남들과는 좀 다른 생각, 다른 생활을

하게 돼요. 텀블러를 들고 다니고 일회용품을 되도록 안 쓰고 음식을 남기지 않는 것 같은 사소한 것도 있고요. 환경에 나쁜 영향을 주지 않으려고 먹지 않거나 사지 않고, 즐기지 않는 것들도 있어요. 인간과 모든 존재가 서로 연결되어 있다고 여기고 인권만큼이나 동물의 권리, 자연의 권리도 중요하다고 생각해요. 그래서 어떨 땐 좀 별나다는 말을 듣기도 하죠.

저는 지금은 모두가 좀 유별난 환경운동가가 되어야 하는 시대가 아닐까 생각해요. 요즘 시대를 인공지능시대라고 말하는 사람이 있어요. 그러나 저는 해마다 오르는 지구 온도로 재난이 끊이지 않는 '기후위기'시대고, 생태계의 균형이 무너지는 '생태위기'시대, 그래서 인류세가 시작된 시대라고 생각해요. 인류가 적응하고 기대어 살아온 기후와 생태가 무너지는 상황에서 우리는 미래를 꿈꿀 수 없어요. 우리가 환경운동가처럼 살고 생각하지 않는다면 미래는 점점 더 어두워질 거예요.

저는 10대의 두 딸을 둔 엄마이기도 해요. 환경운동가 엄마다보니 아이들과도 환경이나 자연, 기후, 쓰레기 같은 이야기들을 자주해요. 가끔은 진지하게 이야기도 하지만 엄마 말은 거의 잔소리처럼 듣는 10대들이라, 엄마의 생각을 다 전하기는 어렵더라고요. 그래서 아이들과 하고 싶은 이야기를 글로 써야겠다 생각했어요.

1장은 인류세를 사는 여러분들이 어떤 존재인지를 알고 어떻게 살아야 행복할지를 생각하면 좋겠다는 바람으로 썼어요. 경쟁 시대를 살도록 강요받는 사회는 생명과의 관계를 소중히 여기기 어려워요. 그러나 생명은 모두 공생해야만 살 수 있어요.

오랫동안 인류는 자연을 함부로 다뤄 왔어요. 기후위기는 그 결과죠. 2장은 기후위기에 처한 지구촌 곳곳의 이야기와 기후시민으로 사는 법에 대해 담았어요. 3장에선 우리가 날마다 먹는 음식이 어디에서 왔고, 이 과정에서 희생되고 수고한 것들은 무엇인지 생각했어요. 한 벌의 옷도 얼마나 많은 환경문제와 연결되어 있는지를 담은 4장에선 지구에 이로운 패션은 무엇인지 다뤘어요. 5장은 왜 제로웨이스트를 해야 하는지 알아보고 곳곳에서 쓰레기를 줄이는 여러 활동들을 소개했어요. 마지막 장에선 환경과 생태를 훼손하지 않고 착하게 여행하는 법을 담았어요.

인류세를 자각하고 우리를 둘러싼 세상이 어떻게 연결되어 있는지 이해하고 기후위기, 생태위기 시대에 조금은 다르게 살기를 고민하는 10대들이 있다면 이 책을 읽으며 같이 이야기 나눴으면 좋겠어요.

지금 이 시대를 사는 우리가 위기를 깨닫고 제대로 행동한다면, 얼마든지 다른 미래를 만들 수 있다고 생각해요. 더 늦지 않게 다른 미래를 위해 기꺼이 나서는 분들에게 이 책이 안내자가 되길 바랍니다.

환경운동가이자
10대 자녀를 둔 엄마,
정명희

차례

지은이의 말　환경운동가 엄마의 별난 이야기를 시작합니다　4

1장　새로운 세계관이 필요해

우리는 모두 별에서 왔어　15
서로를 돕는 존재　19
＊공생을 주제로 한 영화　22
엄마의 유니버스　24
모든 존재가 깃들어 사는 집　27
＊새로운 세계관을 알려주는 책　30
인류세 시대에 생태적으로 살기　32

2장　기후위기와 행동하는 기후시민

키리바시의 존엄이주　39
이누이트에게는 추울 권리가 있다　43
기후위기의 시작, 대형산불　46
기후재난이 된 폭우　50
기후위기로 사라지는 것들　54
내 더위 살 수 있겠니?　57
1.5℃ vs 2℃　60

공동의 지구, 공동의 미래 · · · · · · · · · · · · · · 64

＊기후대응을 위한 국제기구와 협정 · · · · · · · · 68

지금과는 다른 방식으로 · · · · · · · · · · · · · · · 71

성장하지 않으면 망할까? · · · · · · · · · · · · · · 76

인류가 손잡고 탄소중립 · · · · · · · · · · · · · · · 79

에너지를 적게 쓰면서 서로 돌보는 사회 · · · · · · 84

기후위기 감수성과 기후행동 · · · · · · · · · · · · · 88

3장 모두를 위한 먹을거리

먹방을 보는 전지적 엄마 시점 · · · · · · · · · · · · 95

바나나가 위험해 · · · · · · · · · · · · · · · · · · · 98

분쟁을 일으키는 작물 · · · · · · · · · · · · · · · · 103

공장에서 제조되는 동물들 · · · · · · · · · · · · · · 106

소고기 때문에 벌어지는 일 · · · · · · · · · · · · · 110

평등한 지구를 위한 식생활 · · · · · · · · · · · · · 115

기후가 위험하면 먹을거리도 위험해 · · · · · · · · 120

기후시민의 식생활 · · · · · · · · · · · · · · · · · · 124

＊기후시민의 식생활 10계명 · · · · · · · · · · · · 130

4장  지구에도 이로운 패션피플 되기

물려받은 옷이 더 힙해   135

패스트패션의 그늘   139

슬로우 패피가 되는 법   144

목화재배와 청바지 세계   148

지구를 위한 옷 고르기   152

더 나은 세계를 위한 비건패션   155

* 지속가능한 패션 브랜드   160

화장품과 동물   162

해롭지 않은 화장품 고르기   166

그린워싱과 리필 화장품   172

그런데 화장, 왜?   177

5장  차근차근 시작하는 제로웨이스트

이렇게 많은 쓰레기가 어디로 갈까?   181

제로웨이스트가 가능할까?   185

쓰레기를 줄이는 5R   188

* 쓰레기를 줄이는 5R 실천법 퀴즈   193

쓰레기도 공부가 필요해   195

투명 페트병이 귀해   202

플라스틱을 피하는 이유, 환경호르몬   205

*피해야 할 생활 속 환경호르몬   209

오래 쓰고 덜 쓰자   210

비닐봉지 vs 종이봉지   214

알맹이만 찾는 자들   218

일회용 생리대의 대안   221

*일회용 생리대를 고르는 7가지 방법   226

6장   지구별의 착한 여행자

비행기를 타지 않는 사람들   229

어떤 여행을 해야 할까?   232

*착한여행을 도와주는 여행사   237

착하게 여행하기   238

산에서 우리는 손님   242

*녹색연합이 권하는 아름다운 산행 방법   246

국토의 1%만이라도 그대로 두세요   248

곰이 행복할 권리   252

바다를 즐기기 전에 먼저 할 일   256

*바다쓰레기를 줍는 사람들   259

도전! 환경 골든벨   260

참고문헌   270

1장

새로운 세계관이 필요해

우리는 모두 별에서 왔어

#별에서_온_우리 #악뮤_에일리언 #경쟁보다_협동

사실 너는 저 먼 별나라에서 왔어~

금메달까지 딴 일등 선수였어~

점점 잘나고 커진 널~

어머, 그건 무슨 노래야? 악뮤 수현이 부르는 '에일리언'? 역시 수현이다. 어쩜 이렇게 노래를 잘 하니? 멜로디도 좋지만 노랫말도 참 좋다. 악뮤는 우리가 별에서 왔다는 걸 어떻게 알았을까? 무슨 소리냐고? 우리는 모두 별에서 왔어. 이건 그냥 노랫말이 아니야.

과학시간에 지구의 모든 물질은 '원소'로 이뤄져 있다고 배웠지? 수헬리베붕탄질~ 하며 요즘 너가 열심히 외웠던 그 원소기호의 원소들이 이 세상을 구성하고 있어. 그런데 그 원소들은 모두 우주에서 별이 탄생해 불타고 사라질 때 만들어진 것들이야. 우주의 별들이 만든 원소들이 모여 지구와 지구의 물질을 만들었어. 그 물질엔 사람 같은 생명체도 포함돼. 생명체는 주로 탄소, 수소, 질소, 산소, 인, 황으로 구성되어 있는데 이 원소들은 모두 별에서 온 것들이야. 우리 몸속에 흐르는 피가 붉은 건 원소 '철'이 있기 때문인데 이 철은 바로 46억년 전 별이 만든 거야.

생명체인 우리를 구성하는 모든 물질이 별에서 왔고 우주에서 만들어진 원소가 지금 내 몸을 구성하고 있다는 이야기가 너에겐 어떻게 들리니?

2008년에 태어나 이제 17살이 된 네가 46억년 지구의 역사, 우주의 역사와 함께 하고 있다는 생각이 들지 않아? 너의 존재 의미를 다시 생각하게 해주는 것 같지 않아? 이런 이야길 처음 들었을 때 엄마는 심장이 두근거리면서 나라는 존재가 더 커지는 느낌을 받았어. 수현의 노래처럼 정말 우리는 별나라에서 온 거야, 다만 우주인이 아니라 지구인으로 말야.

노랫말엔 우리가 금메달까지 딴 일등 선수라고 하지. 이건 아마 정자와 난자의 수정에 대해 말하는 거겠지? 수업시간에 정자와 난자의 수정에 대해서도 배웠지? 그 과정을 다룬 그림이나 영상을 보면 정자 하나가 열심히 헤엄쳐 가서 난자 안으로 들어가는 모습이 나오는데 사실은 좀 달라. 정자는 혼자서는 움직일 수 없어. 정자의

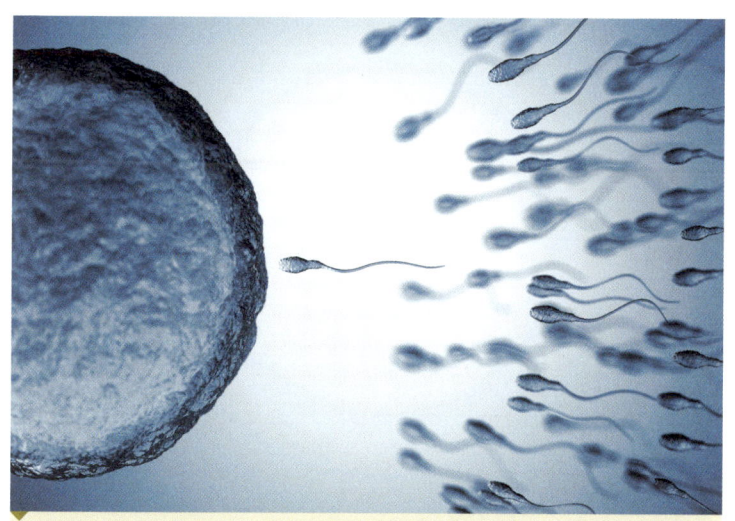

난자를 둘러싼 투명대를 뚫기 위해선 정자의 머리에 있는 분해효소를 이용해야 하는데 정자 한 마리의 효소로는 투명대가 뚫리지 않는다. 수많은 정자들이 협동해야만 수정이 이루어진다.

움직임은 집단적인 추진력으로 이뤄지는데 그 무리가 적어도 2천만 개 이상은 되어야 해. 그리고 난자까지 도착한 뒤에도 정자가 난자를 둘러싼 투명대를 뚫기 위해선 정자의 머리에 있는 분해효소를 이용해야 하는데 정자 한 마리의 효소로는 투명대가 뚫리지 않아. 한 마리가 시도하고 다른 한 마리가, 또 다른 한 마리가 시도하다 보면 어느 순간 투명대가 가장 얇아진 그 순간에 난자의 투명대를 뚫던 정자가 난자로 들어가서 수정이 이뤄져. 그럼, 그 정자는 일등 정자일까? 이등, 삼등 정자일까? 아니면 많고 많은 정자 중 그냥 우연

17

히 들어가게 된 정자일까?

이 장면을 두고 여러 가지 해석이 가능하겠지만, 엄마는 이 과정을 '정자들의 협동작전'으로 보는 해석을 가장 지지해. 우리의 탄생을 '경쟁'이나 '우연'이 아니라 '협동'의 결과로 이야기한다는 건 어떤 의미일까?

엄마는 우리 인간이 우주와 지구와 자연과 연결된 존재이고, 우리는 경쟁이 아니라 협동으로 태어났다는 이야길 가장 먼저 하고 싶어. 우리가 왜 자연을 지켜야 하는지, 자연은 어떻게 우리를 지켜주고 있는지, 왜 우리는 자연과 떨어져 살 수 없는지, 왜 먼 태평양 섬나라의 사람들의 상황을 알아야 하는지, 왜 미래세대를 고려해야 하는지, 왜 흙 속의 작은 벌레부터 바다의 거대한 귀신고래까지 생각해야 하는지 궁금하지 않니? 이 궁금증을 풀려면 우선 지구의 모든 존재들이 우주로부터 시작되었고 서로 연결되어 있다는 것을 알아야 해.

서로를
돕는 존재

#공생 #협동 #린마굴리스

시간을 거슬러 올라가 생명의 시작을 살펴볼까. 현대 생물학에선 생물을 크게 세균, 고세균, 진핵생물로 분류해. 진핵생물은 다시 원생생물, 균류, 식물류, 동물류로 나뉘고 대부분은 진핵세포로 이루어져 있어. 그런데 다양한 생물로 진화할 수 있는 진핵세포는 46억 지구의 역사에서 20억 년이 되어서야 비로소 등장했어. 그 전까지는 생물이라고 불릴 만한 것은 세균과 고세균만 있었어.

과학자 린 마굴리스는 '세포 내 공생이론'이라는 논문에서 세균과 고세균의 '공생'으로 진핵세포가 등장했다는 걸 밝혀냈어. 세균과 고세균이 독립적으로 살아가다가 어느 날 서로를 잡아먹지 않고 한 몸이 되어 같이 살기 시작했어. 각각의 특성을 그대로 유지하면서 말이야. 산소호흡을 하는 세균이 다른 고세균과 한몸이 되어 세포에서 산소호흡을 담당하는 미토콘드리아가 되고 광합성을 하는 세균이 고세균과 결합해 엽록체가 되었다는 이 가설은 처음엔 학계의 외면을 받지만 전자현미경이 발달해 실제로 자연에서 미토콘드리아나 엽록체와 유사한 세균을 관찰하게 되면서 이제는 정설로 받아들여지고 있어.

대부분의 생명체가 '세균들의 공생'을 통해 탄생했고 같은 진핵세포에서 시작했다는 사실이 엄마는 정말 중요하다고 생각해. 인류를 비롯한 지구의 모든 생명이 공통 조상을 갖고 있어서 드러난 차이보다는 유사성이 더 크다는 건 우리가 다른 생명들을 존중하고 함부로 대하지 못하게 하는 마음으로 이어지게 해 줘.

수백만 년 동안 지구엔 다양한 인류가 살고 있었지만 지금은 유일하게 '호모사피엔스'만 있어. 그런데 우리는 같은 종으로 인류보다는 수백 가지의 이유로 서로의 다름을 먼저 찾아내 구별하고 차별하는 일을 벌이기도 해. 이런 일이 생명의 역사에서 보면 얼마나 하찮은 일일까? 하는 생각으로도 이어지지.

자연을 보호하고 환경을 지키고 생명을 존중하는 건 함께 살아간다는 공생의 의미를 삶으로 적용하는 과정이라고 생각해. 낯선 이들을 반갑고 다정하게 대하고, 이웃과 서로 돕고 사회가 처한 문제를 함께 해결하기 위해 노력하고, 다른 생물을 함부로 대하지 않고, 쓰레기를 만들지 않고, 에너지를 덜 쓰는 것 등이 공생의 가치를 생활에서 실천하는 거지.

　　너무 추상적인 이야기로 들릴지도 몰라. 그러나 우리는 사람뿐 아니라 동물, 식물, 미생물, 광물, 그리고 저 멀리 우주까지로도 우주와 지구의 역사 속에서 서로 연결되어 있고 서로를 돕는 존재라는 걸 늘 잊지 않으면 좋겠어.

공생을 주제로 한 영화

아바타 ▶ 제임스 카메론 감독, 2009년

행성 판도라에서 자연과 조화롭게 사는 나비족. 주인공은 판도라의 자원을 갈취하려는 지구인의 아바타로 가짜 나비족이 되었지만 오히려 나비족에게 동화되어 살게 된다. 기어이 판도라를 뺏으려는 무자비한 지구인들과 나비족의 전쟁을 다룬 영화.

바람계곡의 나우시카 ▶ 미야자키하야오 감독, 2000년

7일 간의 불의 전쟁 이후 파괴된 지구에서 살아가는 사람들. 거대한 벌레집단과 부글거리는 바다가 실은 지구를 다시 살리는 역할을 하고 있었다는 걸 깨닫는 나우시카와 여전히 전쟁을 일삼는 사람들을 다룬 영화

나의 문어 선생님 ▶ 피파 에릴리히, 제임스 리드 감독, 2020년

삶에 지친 감독이 바다에서 발견한 문어를 날마다 관찰하고 기록한 다큐. 천적을 교묘하게 따돌리고 먹이활동을 하고 알을 낳고 죽어가는 문어 관찰기를 통해 인간과 다른 존재의 교감이 어떻게 가능한지를 보여준다.

환상의 버섯 ▶ 루이 슈워츠버그 감독, 2019년

땅속에서 모든 식물에게 영양분을 공급하는 네트워크이자 동식물을 분해해 영양분으로 되돌리는 분해자이며 기름을 흡수해 석유오염을 정화하는 해결사이기도 한 균사체 버섯의 이야기를 영상으로 담았다. 버섯과 생태계 모든 구성원들이 공생하며 살아가는 모습을 배울 수 있다.

산호초를 따라서 ▶ 제프 올롭스키 감독, 2018년

수온이 상승하면서 하얗게 죽어가는 호주의 그레이트베리어리프 등 열대 바다의 산호초 백화현상을 다루고 있다. '이대로라면 30년 내에 모든 산호초가 죽는다'는 자막은 산호초뿐만 아니라 모든 바다 생물의 죽음으로 받아들여야 할 만큼 심각성을 일깨우는 다큐.

수라 ▶ 황윤 감독, 2023년

새만금간척사업 이후 20년간 시민생태조사단을 꾸려 새만금을 관찰해온 사람들과 새만금의 마지막 갯벌인 수라 갯벌을 담은 다큐. 갯벌의 아름다움을 본 죄로 수라를 지켜야 한다고 말하는 이들의 모습이 아름답다.

커넥션 ▶ EBS다큐프라임, 2023년

생물과 생물, 생물과 무생물 사이의 연결을 다루며 대립과 경쟁 관계가 아니라 협력과 순환의 자연사를 보여준다. 모든 생명은 서로 연결되어 있어서 다른 생물과 손잡지 않으면 살아갈 수 없음을 깨닫게 해준다.

엄마에게 세계관이란 세상을 바라보는 관점 같은 의미였는데, 너희가 쓰는 세계관의 의미는 좀 다르더라. 시나리오처럼 시간, 공간, 철학을 설정해 새롭게 만든 일종의 유니버스 같은 개념이지? 이번 주제는 너희가 사용하는 뜻으로 이야기해 볼게.

A유니버스 세계관을 가진 사람들은 이런 생각을 해. 지구의 모든 존재는 살아남기 위해 서로 경쟁한다, 모든 존재는 서로 독립적이다. 서로 다른 종은 먹고 먹히는 관계다. 사람은 모든 생명체 중에서 가장 뛰어난 종이고 지구의 모든 자원은 사람을 위해 있다. 사람에겐 물질적인 풍요로움이 가장 중요하고 지구의 자원을 이용할 권리가 있다.

그런데 또 다른 B유니버스 사람들은 다른 생각을 해. 이 사람들은 인간은 지구에 사는 모든 생명체 중 일부라고 생각해. 모든 존재는 서로 돕고 가진 걸 나누는 협력의 관계로 여겨. 정신적인 풍요로움을 더 중요하게 여기고 지구의 자원을 이용하는 데 매우 신중해. 당장 필요한 것보다 몇 세대 이후까지 내다보고 다른 생태계에 미칠 영향을 고려해 자원의 이용 여부를 결정해. 모든 존재들이 서로 연결되어 있다는 걸 자각하기 때문에 인간이 아닌 다른 존재를 알고 이해하려는 노력을 하지.

엄마가 말하는 '별에선 온 우리'나 우리의 시작이 협동 작전으로 이뤄졌다는 말은 어떤 유니버스에 어울리는 말일까? 당연히 B유니버스이겠지?

엄마는 지금 우리가 날마다 듣는 '기후위기가 심각하다, 환경이 오염되고 있다, 지구가 플라스틱으로 뒤덮이고 있다, 생물들이 빠르게 멸종되고 있다.'와 같은 상황은 모두 A유니버스에서 비롯되었다고 생각해. 그렇다고 현재 우리가 사는 세상에 B유니버스가 없는 건 아니야. B유니버스도 언제나 A와 나란히 존재하며 우리에게 A가 전부는 아니다 라고 말해주고 있어. 특히 요즘 나날이 기후, 생태 위기가 심각해지면서 A유니버스로는 우리가 처한 상황을 나아지게 할 수 없기 때문에 모든 면에서 B유니버스로 바꿔야 한다는 생각이 퍼지고 있어.

이 생각은 산업혁명 이후 인류의 생활방식, 경제, 산업, 소비, 에너지, 교통, 생산방식 등이 환경, 생태, 기후위기를 일으켰기 때문에 지금부터 '다른 방향'으로 '전환'을 해야만 해결할 수 있다는 생각이야. 그동안 지구 자원이 무한할 것처럼 자연을 함부로 파괴해왔던 세계관에서 벗어나 지구생태계를 먼저 고려하고 인간과 자연이 조화롭게 사는 방식인 '생태적 세계관'으로 우리의 생각과 삶을 바꾸는 '생태적 전환'을 하자는 거야.

모든 존재가
깃들어 사는 집

#환경 #생태 #인류세

생태적 전환, 너무 낯설고 어렵게 느껴지는 단어지? 생태라는 단어보다 우리는 자연이나 환경 같은 말을 더 자주 사용해. '녹색연합'을 환경운동단체라고 하고, 엄마도 스스로 환경운동가라고 소개하는 건, 환경이라는 말이 생태보다 훨씬 더 대중적이고 전달이 쉽기 때문이야. 정확하게 말하면 녹색연합이나 엄마가 지향하는 가치가 '환경'이라는 단어로 다 담겨지지는 않아.

'환경'의 '환'은 둘러싼다는 뜻인데 둘러싼다는 건 중심에 어떤 존재가 있는 걸 전제해. 사람의 입장에서 환경은 사람을 둘러싼 모든 것을 말하겠지. 자연뿐만 아니라 사회, 문화적인 것까지 포함해서 말이야. 우리가 보통 환경을 지켜야 한다고 할 때 사람을 둘러싼 환경을 사람에게 좋게 만들어야 한다는 걸 뜻해. 기준이 사람이 되

27

는 거야.

환경문제가 심각하다는 건 주로 사람의 건강, 안녕, 안전을 해칠 때를 말하고, 그건 눈에 바로 드러나며 심각성을 금방 알 수 있는 문제일 때가 많아. 그래서 이 문제를 해결하자고 제안하면 바로 힘을 얻을 수 있어. 봄이 되면 하늘을 뒤덮는 미세먼지나 식수가 오염되는 것 같은 문제들 말야. 그러나 때때로 사람에게 좋아 보이는 일이 다른 존재에게는 이롭지 않는 경우도 있지. 흙길을 아스팔트로 포장하는 건 사람들에겐 좋지만 흙속에 있던 수많은 미생물의 입장에선 날벼락 같은 일이지. 물론 사람에게 좋다는 것 역시 특정한 시간, 특정 사람들에게만 해당되는 경우가 많아. 장기적으로 먼 미래까지 고려했을 때 다른 존재에게 해로운 건 사람에게도 해로울 수밖에 없어.

왜냐고? 그건 사람 역시 생태계의 일부니까. 아스팔트로 포장된 도로는 당장은 비가 와도 발에 흙이 묻지 않고 자동차가 다니기에도 좋지. 그렇지만 비가 많이 오면 흙으로 스며들지 못한 빗물에 도로가 잠기고 홍수가 나게 할 수도 있거든. 이렇게 우리가 사람 이외의 모든 존재를 고려할 때 '생태'를 생각한다고 말해.

생태계를 영어로는 에코시스템ecosystem이라고 하는데, 에코는 집을 뜻하는 그리스어야. 지구는 사람이 사는 집일 뿐만 아니라 모든 존재의 집이기도 해. 이 집에선 누가 중심이다, 누가 제일 중요하다라는 게 있을 수 없고 서로 관계를 맺으며 의존하고 있어. 특히 우리를 살 수 있게 해주는 기본적인 자원은 모두 생태계에서 얻은 것들로 생태계가 없인 생존이 불가능해.

그러나 인류는 오랫동안 '사람이 가장 중심이다'는 관점으로 자연을 해석하고 이용해 왔어. 그 결과 환경이 오염되고 생태계가 심각하게 훼손되어 원래의 균형을 잃어버린 상태야. 지금을 '인류세 시대'라고 하고 여섯 번째 대멸종이 진행되고 있다는 말도 그래서 나온거야.

새로운 세계관을 알려주는 책

『**어떤 신세계**』 ▶ 사샤 맘착 · 마티나 포글 저, 라임출판사, 2022

언제부터 인간은 지구의 모든 생명체들을 위기를 빠뜨린 존재가 되었을까? 기후위기와 생태계 파괴로 표현될 미래 말고 '다른 세계는 불가능할까. 그 세계를 만들고 싶다면 어떻게 해야 할까', 라는 고민에 길잡이가 되어 줄 책.

『**인류세 쫌 아는 10대**』 ▶ 허정림 저, 풀빛, 2022

46억 년 간 항상성을 유지해 온 지구환경을 약 70년 만에 완전히 바꿔버린 인류, 이제 지질학자들은 이 시대를 '인류세'로 부르기로 했다. 이런 이름 짓기가 가진 의미는 무엇이고 실제 지구환경은 어떤 변화를 겪고 있는지를 설명해 주는 책.

『**우주산책**』 ▶ 이정규 저, 이데아, 2015

138억 년 우주의 진화는 나와 무슨 상관이 있을까? 미생물부터 우주까지 모든 존재가 나와 어떻게 연결되어 있는지 들려주며 우리를 인간 중심의 좁은 세계관에서 벗어나 우주적 세계관으로 나아가도록 도와준다.

『**지구와 공생하는 사람: 생태**』 ▶ 공우석 저, 이다북스, 2020

우리의 삶은 생태와 연결되어 있어 생태가 위험해지면 우리도 위험해질 수밖에 없다는 분명한 사실을 인류는 잊고 사는 게 아닌지 묻는 책.

인류가 지구 생태계에 끼친 문제들을 짚어보며 지구와 공생하는 사람이 되어야 하는 까닭을 알려주는 책이다.

『인류세: 인간의 시대』 ▸ 최평순 저, EBS 다큐프라임〈인류세〉제작팀, 해나무, 2020

세계 곳곳을 돌며 인류가 지구 시스템에 끼친 변화가 나타난 현장을 취재하고 다양한 전문가들을 인터뷰한 내용을 담은 책. 책과 다큐멘터리를 함께 보면, 왜 인류세라는 이름이 등장했는지부터 인류세 시대의 우리 삶의 모습에 대해 돌아보게 된다.

「리셋」 ▸ 정세랑 저, 아작, 2020

『목소리를 드릴게요』에 실린 단편. 거대 지렁이들이 인류 문명을 갈아엎은 지구에서 육식도 하지 않고 대량생산도 하지 않는 새로운 문명을 만든 미래를 배경으로 한 SF소설이다. 조금은 섬뜩하지만 미래의 인류에게 비친 현재를 읽다 보면 지금 우리가 어떤 삶을 살아야 할지 느낄 수 있다.

『지구생활자를 위한 시시콜콜 100개의 퀘스트』 ▸ 루시 시글 저, 지상의책, 2023

지구에 살면서도 지구에 대해 잘 모르는 우리에게 지구를 지키자고 하기 전에 지구를 이해하자고 말하는 저자. 우리가 왜 인류세에 접어들었는지, 자연과 인간이 어떻게 연결되었는지, 시시콜콜한 100개의 퀴즈를 풀며 배운다.

인류세 시대에 생태적으로 살기

#생태 #생태적_전환 #인류세

공룡은 언제 살았을까? 중생대 쥐라기와 백악기 때야. 삼엽충은 고생대 캄브리아기에 나타났어. 이런 시대구분은 지질학자들이 지층을 연구해 중요한 지질학적인 사건이 일어난 순서대로 만든 지질연대표에 의한 거야. 그럼 지금은 어떤 지질시대일까? 1만 2천 년 전 마지막 빙하기가 끝난 시점부터 현재까지는 '신생대 제4기 홀로세'에 해당돼. 홀로세는 혹독한 빙하기가 끝난 뒤 온화한 기후 덕분에 인류가 번성하며 문명을 만든 시기야.

2000년 노벨상 수상자인 대기 화학자 '파울 크뤼첸'과 생태학자 '유진 스토머'는 기후변화 상황을 연구하는 '국제지구권–생물권 프로그램'이 발행하는 '글로벌체인지뉴스레터'에 인간 활동이 지질학적 변화의 원인으로 작용하는 새로운 지질시대가 시작되었고 이 시대를 '인류세'라고 하자는 논문을 발표했어. 이후 인류세 개념은 여러 연구자들에 의해 다양한 분야로 확대되었어. 지질연대표를 만드는 국제층서위원회^{ICS, International Commission on Stratigraphy}는 파울 크뤼첸의 제안을 받아들여 2009년 '인류세 실무그룹'을 구성해 지질연대표에 홀로세를 끝내고 새로운 지질시대를 추가할지를 논의하고 있어.

파울 크뤼첸은 에어컨이나 냉장고의 냉매로 사용하는 염화불화탄소가 오존층에 생기는 구멍의 원인이라는 것을 밝혀낸 과학자야. 이 연구로 전 세계는 오존층 파괴를 막는 몬트리올 의정서를 채택해 염화불화탄소 사용을 중단해서 오존층 파괴가 줄어들었어. 그 공로로 1995년 노벨화학상을 받았지. 그는 인류가 지구 생태계에 해로운 영향을 끼치는 것을 우려해 온 학자야.

인류세를 언제부터로 봐야 하는지는 학자들마다 의견이 달랐어. 인류가 대량으로 석탄을 사용하며 대기 중 이산화탄소 농도가 증가하기 시작한 산업혁명 초기인 18세기를 시작으로 보는 이들이 있어. 이산화탄소 농도가 급격하게 상승하는 제2차 세계대전 이후를 인류세의 시작으로 보는 이들도 있지.

또 하나의 견해는 1945년을 시작으로 보는 거야. 1945년은 미국이 일본에 원자폭탄을 투하한 해야. 원자폭탄에서 발생한 방사성 핵종은 100만 년 후까지 토양에 흔적을 남길 만큼 강력하거든.

2019년 인류세 실무그룹은 인류세 시작점을 1950년대로 결정했어. 석탄뿐만 아니라 모든 물질 사용량과 쓰레기 발생량 등에서 급격한 상승을 보여주는 1950년대를 '거대한 가속도의 시대'라고 부르기도 해. 2023년엔 인류세를 대표적으로 보여줄 지층, 즉 인류세의 표준화석을 캐나다 크로퍼드 호수 퇴적층으로 정했어. 크로퍼드 호수 바닥에 층층히 쌓인 퇴적층에선 1950년부터 급격하게 증가한 이산화탄소, 메탄의 농도, 핵실험의 결과인 플루토늄 동위원소 등의 기록이 잘 나타나 있어.

인류세라는 새로운 지질시대는 1950년부터 지금까지 불과 100년도 안 되는 짧은 기간동안 인류가 벌인 행위들이 지질학적으로 구분될 만큼 지구에 흔적을 남기고 있고 그 결과 지구의 시스템이 교란되고 있다는 걸 의미해. 홀로세 지구의 회복력으로는 원상태로 돌아가기 어려운 상태가 되었다는 거야. 그리고 이 말은 홀로세 시대의 기후, 환경, 자연에 적응해 살아온 인류와 모든 생명체의 삶에 균열이 가고 교란이 일어난다는 뜻이야. 이제 인류는 어떻게 살아야할지를 묻고 답을 찾아야만 해.

'생태적이다'는 것은 인류세 시대에 우리가 살고 있는 집인 지구의 모든 존재를 고려해서 생각하고 행동한다는 뜻이야. 그리고 우리의 행동이 현재와 미래에 지구의 모든 존재에 어떤 영향을 미치는지를 고려한다는 걸 의미해.

지구의 모든 존재는 생물과 무생물을 모두 포함해. 생명이라는 단어는 살아 있는 것을 말하는데 현대 과학에선 생물과 무생물의 구분이 점점 모호해지고 있어. 무생물인 흙, 암석, 물 같은 존재들이 있어야 생물도 살 수 있으니 무생물도 모두 지구 생태계를 이루는 생명의 일부분이야.

생태적 전환은 생태적인 관점에서 우리의 행동, 사는 방식, 사회 시스템을 포함한 모든 것을 바꾸는 거야. 엄마는 인류세 시대에, 생태적 전환을 위해 우리가 가져야 할 생각, 가치관, 삶의 태도, 방식에 대해 이야기하고 싶어.

어쩌면 우리가 이미 알고 있는 환경에 관한 지식이나 당연히 해야 할 작은 실천부터, 개인의 힘으로는 어찌할 수 없는 사회와 국가, 전 세계의 변화를 말하는 큰 이야기일 수도 있어. 이 이야기들은 모두 연결되어 있어. 마치 생태계가 모두 연결되어 있는 것처럼 말이야.

2장

기후위기와 행동하는
기후시민

인류는 어디에 살든 그곳의 기후에 적응해 살아왔어. 기후가 변한다는 건 지금까지 적응해 온 모든 삶이 달라지는 걸 의미해. 이런 변화를 대수롭지 않게 생각하는 사람들은 기후변화를 기상변화, 날씨변화 정도의 의미로 생각하는 거야. 사계절이 있고 하루에도 낮과 밤의 기온 차이가 큰 우리나라에선 이렇게 생각하기 쉬워. 기후는 오랜 기간, 적어도 30년 이상 관측해온 날씨의 평균값 같은 거야. 봄옷을 꺼내고 장마를 대비하고 겨울철 김장을 하는 것처럼 오랫동안 해마다 반복되는 생활 모습도 우리가 이 땅의 기후에 적응해 살고 있다는 증거야. 그런데 지금 우리가 겪고 있는 기후는 평균값을 한참 벗어나 위기감을 느끼게 하고 있어.

2019년 5월 17일 영국의 언론 가디언은 '앞으로 기후변화란 표

태평양의 섬나라 키리바시는 국토 대부분이 해발 2m도 되지 않는다. 기후위기로 해수면이 점점 상승하면서 키리바시의 몇몇 섬은 이미 물에 잠겼다.

현 대신 기후비상사태emergency, 기후위기crisis, 기후실패breakdown 등을 사용하겠다'고 선언했어. 가디언은 과학자들이 인류에게 재앙이될 거라고 말하는 이 상황을 기후변화라고 표현하면 '수동적이고 온화한 느낌'을 준다며 '과학적으로 정확하면서도 매우 중요한 문제에대해 독자들과 분명하게 소통하기 위해' 기후변화라는 표현을 쓰지않겠다고 했어.

엄마의 환경수업

'변화'같은 중립적인 단어가 아니라 의미를 직관적으로 알 수 있는 '위기'로 상황을 설명하겠다는 가디언의 선언은 굉장히 유효했던 것 같아. 이후 기후변화 대신 기후위기라는 말은 전 세계로 빠르게 확산되었어. 2019년엔 영국, 유럽연합, 미국 뉴욕 등 세계 주요 나라와 도시들이 기후비상사태를 선언했는데 이건 '변화'를 '위기'로 생각하면서 나온 결과이지. 2019년 우리나라에서 처음으로 기후문제를 해결하기 위해 집단행동을 하자고 모인 모임의 이름도 '기후위기 비상행동'이 되었어.

2021년 여름 도쿄에서 열린 올림픽에 참여했던 역도선수 '데이비드 카토아타우'라는 선수에 대해 들어봤어? 아마 이름을 몰라도 사진을 보면 기억할거야. 이 선수는 경기 때마다 유쾌하고 코믹한 춤을 추는 걸로 유명해. 지난 도쿄 올림픽에서도 3차 용상에서 실패하고 퇴장하면서 춤을 춰 지켜보던 이들 모두가 웃었는데, 이 선수의 유니폼에 새겨진 나라이름은 'KIRIBATI'였어. 태평양의 섬나라 키리바시야. 맞아. 기후위기로 땅이 잠기고 있는 나라. 이미 섬 두 개가 물에 잠겨버린 나라야.

아일랜드의 최초 여성대통령인 메리 로빈슨은 한 대중 강연에서 자신이 기후변화에 대해 너무 늦게 인식하게 되었다며 이런 말을 했어. 자신은 대통령 재직 시 투자 유치를 위해 외국을 방문했는데 키리바시 공화국의 '아노테 통' 대통령은 바다에 잠기고 있는 상황을 대비해 다른 나라의 땅을 사고, 자국민의 이주를 요청하기 위해 외국을 방문하고 있었다고 했어. 그리고 대통령으로서 그의 고통이 얼마나 컸을지 짐작할 수도 없다고 말했어.

키리바시는 이웃 나라 피지에 땅을 사서 국민들의 '존엄이주'를 준비하고 있어. 그러지 않으면 키리바시 사람들이 환경난민이 될 처지이기 때문이야. 기후위기를 일으키는 온실가스 배출에 아무런 책임이 없는 태평양 섬나라 사람들이 살 땅을 잃는 피해를 입고 있어. 이 사실은 북극곰만큼이나 기후위기의 상징이 되었어. 키리바시 역도선수는 전 세계 사람들에게 물에 잠겨 삶의 터전을 잃게 된 키리바시의 상황을 알리기 위해 춤을 춘다고 해. 키리바시 같은 나라의 상황은 기후변화나 지구 온난화 같은 말로는 그 위기감을 다 담아낼 수 없겠지.

이누이트에게는 추울 권리가 있다

#지구_가열화 #추울_권리 #기후비상 #기후재앙

지구 온난화라는 표현도 이제 더 이상 쓰지 말자는 주장이 있어. 현재 진행되는 지구 평균기온 상승 속도가 이미 '온난화' 같은 따뜻한 단어로 설명할 수준을 넘어섰다고 말이야. 심지어 온난화라고 하니까 '따뜻해지면 좋은 거 아냐'라고 말하는 사람도 있어. 북극이 온난화되면 북극 사람들이 따뜻하게 지낼 수 있으니 좋은 거 아니냐고 말이야.

그러나 북극에서 사는 이누이트는 '추울 권리'를 주장해. 이누이트는 오래 전부터 미국 알래스카와 그린란드, 캐나다 북부와 시베리아 등에 살고 있는 사람들이야. 북극의 기온이 오르며 썰매를 끌고 다니던 단단한 얼음길이 녹기 시작해 언제 깨질지 모르는 위험한 길이 되어버렸어. 이누이트는 사냥한 날고기를 주로 먹는데 따뜻한 날

기온이 오르며 빙하가 녹자 북극에 사는 이누이트의 삶은 바뀌고 있다. 썰매를 끌 수 없고 언 땅 위에 지어졌던 모든 건물이 위태로워졌다.

씨에 상하기 쉬운 고기보다 가공식품을 많이 먹기 시작하며 건강에 문제가 생기고 있다고 해. 추운 기후에 적응하며 만들어진 그들 고유의 문화와 생활 방식이 따뜻한 기후 때문에 사라지는 게 이누이트에겐 생존의 위기이자 고통이야. 알래스카에 살고 있는 이누이트는 2005년에 온실가스저감을 충실히 이행하지 않은 미국 정부를 미주 인권위원회에 고발했어. 기후위기로 인해 자신들의 생명권, 건강권,

재산권이 침해당했다는 이유였어.

원래부터 더운 아열대 기후나 열대 기후였던 곳들은 어떨까? 섭씨 50℃에 이르는 고온이 며칠씩 이어지는 것을 열파현상이라고 하는데 인도 같은 나라에 열파현상이 지속되면서 더 이상 사람이 살 수 없는 곳이 되어 가고 있어. 더운 기후에 적응해 살았던 사람들도 더 이상 견딜 수 없게 된 거야.

이런 현상을 온난화라고 부르는 건 현상을 너무 축소하는 말 같아. 그래서 최근에는 '지구 온난화'Global Warming라는 말 대신 '지구 가열화'Global heating라고 써야 한다고 주장하는 기후학자들이 늘어나고 있어. 2021년엔 영국 옥스퍼드대학교에서 출간하는 사전에 '지구 가열'Global heating, '기후비상'Climate emergency, '기후위기'Climate crisis, '기후재앙'Climate catastrophe 같은 단어가 추가되었어.

기후변화가 아니라 기후위기, 지구 온난화가 아닌 지구 가열화라는 말을 써야하는 지금은 개인의 실천 만으론 문제해결이 불가능해. 더 근본적으로 산업, 사회 시스템, 에너지원, 소비구조, 생산구조 등의 문제를 해결해야만 해. 개인의 행동과 실천이 집단적인 힘을 발휘해 사회구조를 바꾸는 전환으로 연결되어야 하는 거지. 이제 '기후위기'와 '지구 가열화'라는 위기를 넘기 위해 우리 사회가 어떤 방향으로 가야할지를 함께 생각해야 해.

기후위기의 시작, 대형산불

#기후위기 #울진산불 #대형산불 #밀양산불 #기뭄

몇 년 전만 해도 우리는 기후변화를 이야기할 때 깡마른 북금곰과 가라앉는 섬 투발루 같은 먼 나라의 상황을 떠올리며 아직 우리나라에선 실감하기 어려운 문제로 바라보는 사람들이 많았어. 그러나 이제는 우리나라도 기후위기로 인한 심각한 현상이 곳곳에서 벌어지고 있다는 걸 모두가 알거야. 대표적인 게 바로 산불이야.

2022년 3월 경상북도 울진과 강원도 삼척에서 난 산불이 열흘 동안 꺼지지 않고 서울 면적의 1/3이 넘는 22만 294헥타르의 산림을 태웠어. 우리나라에서 난 산불 중 가장 크고 길게 이어진 산불이었지. 이렇게 큰 산불은 호주나 미국의 이야기인 줄 알았는데, 우리나라에서도 이제 사람의 힘으로 제어할 수 없는 산불이 일어난 거야.

겨울 가뭄이 심해지면서 산이 바싹 말라 있는 상태에선 작은 불씨 하나도 바로 큰 불이 돼. 특히 봄철 동해안엔 강풍이 불기 때문에 불씨가 바람을 타고 빠르게 이동하면서 도깨비불처럼 옮겨 다니며 태워. 산불을 끄기 위해 소방관, 소방헬기, 산림공중진화대원, 자원봉사자들이 모두 동원되었어. 그래도 잡히지 않던 산불이 열흘째 되던 날 비가 내리면서 비로소 완전히 꺼졌지. 불이 난 울진과 삼척은 골짜기도 깊고 불이 잘 붙는 소나무 숲이 많아 더 어려움을 겪어야 했어. 두 지역 모두 멸종위기야생동물인 산양의 서식지이기도 해서 산양들은 어떻게 되었는지 너무 걱정되었지.

산불의 시작은 누군가 던진 담배꽁초이거나 방화거나 논두렁을 태우다 날린 불씨일 수도 있어. 문제는 불이 시작되면 걷잡을 수 없이 크고 오래 간다는 거야. 기후위기로 겨울철 강수량이 줄어들어 산이 말라 있기 때문이야.

기상청은 기상관측이 시작된 1973년 이래 2021년 12월부터 2022년 2월까지가 가장 강수량이 적었다고 발표했어. 최근 30년의 평균 강수량은 89mm인데 그 해에는 고작 13.3mm였던 거야. 울진이나 삼척 같은 곳은 예전엔 겨울에 눈이 많이 내려 마을이 고립되기도 했던 곳들이야. 폭설에 산양이 먹이를 찾지 못해 마을로 내려오던 일이 잦던 곳이지. 그런데 정말 그런 이야기는 옛날 이야기가 되어버렸어. 겨울에 내린 눈이 쌓여 늦봄까지 천천히 녹으면

47

2022년 3월 울진과 삼척 일대에서 난 산불은 열흘 동안 이어졌다. 기후위기로 인해 산불이 더 잦고, 크고, 길어지고 있다.

서 산에 물을 공급하고 산불을 막아주는 역할을 했어. 그런데 이제 겨울산은 불꽃만 튀면 산불로 번지는 거대한 인화성 물질이 된 거야.

그리고 2022년 5월 31일 경북 밀양에서도 대형 산불이 발생해 5일 동안 축구장 1000개를 합쳐놓은 면적인 763헥타르를 불태웠어. 산불이 크게 났다는 것도 문제이지만 봄이 아닌 초여름에 일어났다는 게 더 큰 문제야. 우리나라에선 보통 겨울 가뭄과 강풍으로 봄철에 산불이 집중적으로 일어나는데 이 해엔 초여름에 일어난 거야. 2022년 밀양 산불은 산불통계를 내기 시작한 1986년 이래 가장 늦은 시기에 난 산불이야. 산불이 났을 당시 밀양의 온도는 30℃가 넘었고, 강수량이 평년에 비해 3%밖에 되지 않았어. 호주나 미국 캘리포니아처럼 고온 건조한 날씨 때문에 한번 불이 붙으면 꺼지지 않는 대형 산불이 우리나라에서도 시작된 거지. 우리는 이제 건조한 봄철뿐만 아니라 여름 산불까지 걱정하고 대비해야 하는 상황이 되었어.

2023년 4월 2일엔 하루에 34건의 산불이 동시에 발생해서 우리나라의 모든 헬기가 산불을 끄는데 동원되었어. 이 날 서울 인왕산과 북악산에도 산불이 났어. 하루 종일 온갖 종류의 헬기가 서울 하늘을 오가는 걸 너도 봤지? 도심에서 난 산불이 바로 주택가를 덮칠 까 봐 내내 마음이 조마조마했어. 며칠 지나지 않은 4월 11일엔 강릉의 야산에서 산불이 났는데 바로 주변 마을로 번져 120여 채의 주택을 태웠어.

산림청에 따르면 2023년엔 497건의 산불이 발생해서 지난 10년 평균보다 27%나 더 많아졌고 피해 면적도 36%나 더 늘어났어. 이렇게 기후위기로 인한 겨울 가뭄이 계속 된다면 산불은 더 자주 일어나고 피해 규모도 커지게 되겠지.

기후위기 때문에 겨울부터 초여름까지 비가 내리지 않아 산불이 나고 나무들이 말라 죽는 현상이 생겨났어. 그리고 여름이 되면 갑작스런 폭우가 쏟아지기 시작해. 여름철 장마나 간간이 내리는 소나기와는 달리 폭우로 인한 피해는 우리나라의 기후가 완전히 달라졌다는 걸 보여줘. 예전엔 비가 많이 내리면 집중호우라고 했어. 집중호우는 시간당 30mm 이상의 비가 오는 걸 말하는데, 요즘은 그보다 두세 배가 넘는 비가 쏟아지며 순식간에 재난상황이 벌어지기도 해. 그래서 기상청은 2023년부터 재난문자를 보내야 할 수준의 비가 오면 극한호우라는 말을 쓰기 시작했어.

짧은 시간 동안 도시에 물폭탄이 쏟아지면 배수 시스템이 그 양을 감당하지 못해 순식간에 물에 잠겨서 전기, 수도, 교통이 마비돼.

그리고 산이 무너져 내리는 경우는 빈번하게 일어나지.

2020년에 전남 구례 일대에 내린 폭우로 섬진강이 범람해 지붕까지 물이 차 소들이 지붕 위로 올라가 있기도 했었어. 환경운동가들은 이 모습을 보고 이건 '폭우가 아니라 기후위기다.'라는 성명을 냈어.

2022년 8월엔 서울을 비롯한 중부 지방에 시간당 100mm가 넘는 큰 비가 내렸어. 기상관측 역사상 한 번도 없었던 양이었지. 이 폭우로 서울의 강남 일대가 물에 잠기고 반지하에 살고 있던 한 가족이 불어난 물을 피하지 못하고 숨지는 일이 발생했어.

이 비극은 기후위기가 모두에게 닥친 문제지만 모두에게 같은 수준의 문제가 아니라는 걸 보여줘. 비가 오면 물에 자주 잠기는 지역의 반지하 공간은 기후재난에서 가장 취약한 곳, 우리나라의 키리바시, 투발루 같은 곳이야. 기후위기로 인한 재난은 같은 땅에서도 가장 취약한 곳, 가장 약한 사람에게 먼저 닥친다는 걸 기억해야 해.

2023년엔 지하 차도에 폭우로 불어난 강물이 넘쳐 차에 타고 있던 이들이 목숨을 잃은 끔찍한 사고도 있었어. 이전까진 한번도 경험해 보지 못한 사고야. 엄마는 지금까지의 지식이나 경험이 앞으로 발생할 기후재난 앞에선 쓸모가 없고 나도 가족도 지킬 수 없겠구나 하는 공포감이 들었어. 더구나 2023년의 지하차도 침수 사고는 주변의 하천이 넘쳐서 위험하다는 경고가 계속되었는데도 아무런 조치도 취

서울 한강변에 폭우가 내리자 도로가 잠겼다. 퍼부어대는 빗줄기로 물에 잠기는 세상을 보면 공포스럽기까지 하다.

엄마의 환경수업

하지 않은 정부의 무대책으로 빚어진 일이야. 국가는 개인으로선 감당할 수 없는 이런 재난에 먼저 대비하고 대책을 세워야 했어.

그린피스는 국제 기후변화 연구기관 클라이밋 센트럴의 자료를 분석해 2030년 무렵 우리나라는 대홍수로 국토의 5% 이상이 물에 잠기고 323만 명이 피해를 입을 거라고 전망했어. 김포공항, 인천공항, 제철소, 발전소 같은 주요 시설들도 다 물에 잠길 수 있고 서울, 경기, 인천 같은 대도시엔 피해가 더 클 거라고 해. 이런 전망과 예상이 현실이 되지 않도록 우리는 지구 온도 상승을 멈춰야 하고 이런 상황을 대비해야 해.

기후위기 대응은 온실가스를 감축하는 '완화'와 이미 발생하고 있는 기후위기에 '적응'하는 두 가지로 이뤄져. 기후위기에 적응한다는 것은 사회가 이런 기후재난을 예상하고 대비해야 한다는 뜻이야. 이번 침수 사망 사고를 보면 우리 사회가 과연 기후위기 적응을 제대로 준비하고 있는가를 생각하게 돼.

폭우를 감당할 수 있는 기반시설을 만들고 빗물이 스며들 수 있는 녹지 같은 생태계를 조성하고 폭우에 취약한 주거환경을 개선하는 등의 대비가 마련되지 않는다면 이런 비극적인 소식을 해마다 들어야 할지 몰라.

기후위기로
사라지는 것들

#침엽수_고사 #갯녹음 #사라진_명태 #언제까지_사과를_먹을_수_있을까

소나무, 구상나무, 가문비 같은 침엽수림이 최근 20여 년간 집단으로 죽어가고 있어. 한라산, 태백산, 지리산 등 우리나라의 높은 산마다 빼곡했던 침엽수들이 하얗게 죽은 채 서 있는 모습이 발견돼. 겨울 가뭄 때문이야. 겨울에 충분히 눈이 내려 땅을 덮어 늦봄까지 천천히 녹아야 침엽수들이 수분을 공급받을 수 있어. 그런데 눈이 거의 내리지 않거나 내리더라도 따뜻한 온도 때문에 바로 녹아버려 물이 부족해져. 기후위기가 우리 숲의 위기가 된거지. '남산 위의 저 소나무'로 시작하는 애국가가 머지않아 낯설게 느껴질지도 몰라.

따뜻하고 건조한 겨울이 지속되면서 겨울다운 겨울이 사라졌다고들 하는데 그걸 제일 잘 보여주는 곳이 제주도야. 기상청에선 기온이 5℃ 미만으로 내려간 뒤 다시 올라가지 않는 첫날을 겨울의 시작

지리산 중봉 구상나무 군락지가 하얗게 죽어가고 있다. 눈이 적게 내리고 내린 눈도 빨리 녹아 건조한 겨울이 계속되자 침엽수들은 멸종위기에 내몰리고 있다.

으로 보는데 제주지방기상청에 따르면 제주도는 지난 60년 동안 평균 기온이 6.1℃ 올라 겨울 시작일로 볼 수 있는 날이 없었다고 해.

제주도는 겨울이 없어지고 여름이 15일 늘어났고 가을은 14일 짧아졌어. 기온상승은 제주의 바다에도 큰 영향을 줘. 수온이 1℃ 가까이 올라가면서 온도에 민감한 해조류들이 사라지고 있고 석회조류가 하얗게 암반을 뒤덮는 갯녹음 현상이 일어나고 있어. 제주도 해녀들은 감태나 모자반 같은 해조류들이 가득 차 있던 옛날 제주 바다를 "꽉꽉하고 찍깍하다."라고 표현하던데 빽빽하고 깜깜하다는 뜻이래. 그런데 이제는 불이 난 산처럼 바다 속이 비어 버렸어. 그래서 해조류에 의지했던 소라, 전복 같은 어패류들도 함께 사라지고 있어. 열대바다엔 돌같이 단단한 집을 만들어 산호초를 이루는 경산호가 자라고 우리나라 제주 바다엔 집이 없이 한송이 한송이 핀 꽃 같은 연산호가 자라. 그런데 수온이 오르며 제주 바다에도 열대종인 경산호가 연산호를 밀어내고 있어.

제주 바다만 변하고 있는 게 아니야. '독도는 우리 땅'이라는 노래의 가사 중에 '오징어 꼴뚜기 대구 명태 거북이~'는 2012년부터 '오징어 꼴뚜기 대구 홍합 따개비'로 바뀌었어. 명태는 대표적인 한류성 어종인데 더 이상 우리나라 바다에서 나지 않기 때문이야. 엄마 고향인 동해에서는 겨울에 명태탕, 명태조림이 흔한 먹을거리였는데 요즘엔 남해로부터 올라온 오징어가 대표 어종이 되었어.

엄마는 어릴 적에 우리나라의 대표적인 사과 재배지가 대구라고 배웠어. 그런데 이제는 대구의 학생들도 대구가 사과 재배지였다는 걸 잘 몰라. 사과는 4월부터 10월까지의 평균기온이 15~18℃ 정도로 서늘해야만 재배되는 과일이야. 그런데 대구의 기온이 오르면서 더 이상 사과 재배가 불가능해진 거야. 그래서 지금은 정선, 영월, 양구 등 강원도 산간의 기온이 낮은 지역으로 재배지가 점점 이동하고 있어. 그런데 이 지역 역시 기온이 상승하고 있어.

내 더위 살 수 있겠니?

#자연재난 #폭염 #무더위쉼터 #폭염경보

정월대보름이면 우리는 오곡밥에 나물을 먹고 가족이나 친구의 이름을 불러 "내 더위 사라" 하고 장난을 쳤어. 그런데 이제 "내 더위 사라"가 더 이상 장난스럽게 할 수 있는 말이 아닌 것 같아. 엄마가 초등학생이었을 때는 한여름에도 교실에 선풍기 두어 대가 전부였어. 물론 덥긴 했지만 견딜만 했거든. 너무 더운 날에는 수돗가에서 물을 한바탕 뒤집어쓰면 그럭저럭 여름을 날 수 있었어. 지금 그랬다간 당장 교실에서 쓰러지는 아이들이 생길 거야. 그때와는 비교할 수 없이 더우니까 말이야.

이제 여름철 더위는 생명을 위협하는 재해가 되었어. 폭염은 하루 최고기온이 33℃ 이상일 때를 말하는데 한국환경정책평가연구원의 폭염영향보고서에 따르면 1973년과 비교해서 2019년의 폭염

57

폭염은 기후위기 시대에 가장 많은 사망자를 낳는 재난이다. 폭염에도 밖에서 일하는 사람들, 냉방장치가 없는 곳에 사는 사람들에 대한 대책이 필요하다.

일이 7일이나 늘어났어. 2018년 강원도 홍천에서는 41℃까지 기온이 올라 최고의 폭염을 기록했어. 이 해는 평년에 비해 3배 이상인 31.5일 동안 폭염이 지속되면서 온열질환자가 약 4천 5백 명이나 생겼고 이 중 48명이 사망했어. 간접적인 사망의 원인이 폭염인 경우도 1천 명에 다다르자 정부는 폭염을 자연재난으로 지정했어.

냉방장치가 갖춰지지 않은 곳에 살거나 일해야 하는 사람들에게 폭염은 '소리없는 살인자'야. 통계청에 따르면 실제로 지난 2012년부터 2021년까지 우리나라에서 호우로 죽은 사람은 49명,

엄마의 환경수업

태풍으로 죽은 사람은 23명인데 비해 폭염으로 인한 사망자는 146명으로 다른 재난에 비해 사망자 수가 압도적으로 많아.

2019년에 녹색연합은 다양한 직업의 사람들 옷에 온도계를 부착하고 여름철에 일하면서 겪는 폭염 상황을 모니터링 했어. 야외에서 일하는 사람들의 온도계는 대부분 40℃를 기록했어. 한 농부의 온도계는 무려 54.6℃까지 올라갔어. 폭염 사망자 중 가장 많은 직업군이 농민인 이유였어.

폭염경보가 내려지면 일터에선 일을 중단하도록 하고, 누구나 더위를 피할 수 있도록 가까운 곳에 무더위 쉼터가 마련되어야 해. 학교 급식을 담당하는 조리실에서도 여름철엔 가능하면 불을 덜 쓰는 조리를 하는 등 폭염에 대한 예비책을 마련해야 해.

1.5℃ vs 2℃

#1.5도 #넷제로 #투발루 #기후난민

2018년 10월 우리나라 송도에서는 제48차 IPCC총회가 열렸어. IPCC는 유엔이 주체가 되어 전 세계가 기후 위기에 대응하기 위해 설립한 국제 협의체야. 송도에서 발표된 'IPCC 1.5℃ 특별보고서'에 따르면 지금처럼 지구 온난화가 지속되면 2030년에 지구의 평균기온 상승은 1.5℃를 넘을 거라고 전망했어. 파리협약에 따라 각 나라가 국가별 감축의무를 이행하더라도 2030년에 1.5℃ 달성에 필요한 배출량을 두 배 넘게 초과해서 2100년도엔 지구 온도가 산업화 이전보다 3℃ 이상 상승할 거라고 해.

1.5℃온난화와 2℃온난화에 따른 영향도 비교했는데 산업화 이전보다 지구평균기온이 약 1.1℃ 오른 지금도 우리는 이미 기후위기를 경험하고 있어. 기온이 더 오른다면 지금보다 더 심각하게 고온,

가뭄, 빙하손실, 해수면 상승 같은 위험을 감수해야 해.

IPCC는 1.5℃까지는 회복가능한 위험이라면 2℃는 회복불가능 이라고 전망하고 있어. 그래서 IPCC는 지구평균기온 상승을 1.5℃ 이내로 억제하기 위해 에너지 사용, 토지 활용, 수송과 건물 등 사회 전반에 걸쳐 신속하고 광범위한 전환이 필요하다고 했어. 무엇보다 2050년까지 전 지구의 이산화탄소 배출량이 넷제로 상태가 되어야 한다고 제시했어.

대기 중에 배출된 이산화탄소는 자연적으로 숲과, 바다 등으로 흡수되고 다양한 기술을 이용해 포집할 수도 있어. 배출된 이산화 탄소에서 흡수 또는 포집된 이산화탄소를 뺀 양을 순배출량이라고 해. 이렇게 계산한 순배출량이 0인 상태를 '넷제로'라고 해. IPCC는 2050년까지 넷제로 상태를 만들기 위해선 석탄화력 발전소를 없 애고 전 세계 전력의 85%를 재생에너지로 바꿀 것을 제시했어. 또 한 이산화탄소뿐만 아니라 농축산업과 폐기물 등에서 발생하는 메 탄가스 등의 온실가스 배출량도 줄여야 한다고 했지.

1.5℃냐, 2℃냐의 차이는 당장 해수면 상승으로 국토가 잠기고 있는 태평양의 나라들이나 가뭄과 고온으로 식량난을 겪고 있는 빈 곤 국가들에겐 생존이 걸린 심각한 문제야. 온실가스를 많이 배출하 는 선진국들의 노력에 따라 해수면 상승이 10cm 정도 차이가 나는 데 이 차이로 태평양의 파푸아뉴기니, 솔로몬제도, 바누아투, 팔라

우, 마이크로네시아 연방, 나우루공화국, 마셜제도, 키리바시, 투발루, 사모아, 통가, 니우에, 쿡제도는 완전히 사라질 수도 있어.

2021년 11월 영국 글라스고에서 열린 제26차 당사국 총회기간 동안 투발루의 코페 외무장관은 원래는 육지였지만 이젠 허벅지까지 물이 차오른 바다에 몸을 담근 채 '바닷물이 계속 차오르는 상황에서 말뿐인 약속만을 기다릴 여유가 없다'며 '지구 온난화로 인해 어쩔 수 없이 삶의 터전을 잃는 사람들이 이동해야하는 기후이동성Climate mobility을 최우선으로 고려해야 한다.'는 성명을 발표했어. 물에 잠기는 태평양 섬나라의 상황을 극적으로 보여준 그의 모습이 전 세계에 알려졌지만 총회에서 기후난민 문제를 해결하기 위한 조치가 이뤄지진 않은 것 같아.

코페 장관은 '우리는 가라앉고 있다. 그러나 다른 나라 사람들도 우리와 다르지 않다. We are sinking, but so is everyone else.'라는 말로 성명을 시작했는데, 투발루의 미래가 곧 우리 모두의 미래가 될 거라는 경고를 기억해야 해.

엄마의 환경수업

평균기온 1.5℃ 상승과 2℃ 상승에 따른 차이

| IPCC「지구 온난화 1.5℃」특별보고서 요약 |

 **1.5℃**　　　 **2℃**

	1.5℃	2℃
중위도 폭염일 온도	3℃ 상승	4℃ 상승
고위도 극한일 온도	4.5℃상승	6℃ 상승
산호초 소멸	70~90% 소멸	99%이상 소멸
북극해 해빙 완전소멸 빈도	100년에 한번 (복원 가능)	10년에 한번 (복원 어려움)
서식지 절반을 잃는 생물	곤충 6% 식물 8% 척추동물 4%	곤충 18% 식물 16% 척추동물 8%
연안홍수위험	보통	매우 높음
2100년 해수면 상승	0.25~0.77m	0.36~0.87m
어획량	150만t 감소	300만t 감소
극한 날씨	홍수위험 100% 증가	홍수위험 170% 증가
가뭄노출(2100년 기준)	도시민 350만 명 가뭄 피해	도시민 410만 명 가뭄 피해
열파현상	세계 인구 9%가 20년마다 열파에 노출	세계 인구 20%가 20년마다 열파에 노출

기후변화에서 기후위기로 용어와 개념이 바뀌는 수십 년 동안 상황은 악화되기만 했어. 그동안 인류는 어떤 노력을 해왔고, 왜 그동안 세운 대책들은 성공하지 못했을까?

세계가 함께 '기후변화'에 관한 대책을 세우기 시작한 건 1992년 6월 브라질 리우데자네이루에서 열린 '환경과 개발에 관한 국제회의'UNCED부터야.

1980년대까지 세계는 미국과 소련이 대치하는 냉전시대였어. 1991년 소련이 해체되면서 냉전시대가 끝나자 세계는 그동안 다루지 못했던 환경문제를 논의하기 위해 이 회의를 개최했어. '우리 공동의 지구, 우리 공동의 미래'를 캐치프레이즈로 110여 개국이 참여한 최대 규모의 국제회의였어.

이 회의에서 세계 정상들은 세계기상기구^WMO와 유엔환경계획 ^UNEP이 기후변화를 연구하고 정책 방향을 제시하기 위해 1988년에 공동으로 설립한 IPCC가 제출한 제1차 보고서의 결과를 받아들여 '유엔기후변화협약'^UNFCCC을 채택했어. 이로써 세계가 기후변화를 대응하기 위해 함께 움직이는 국제기후체제가 시작된 거야.

리우회의에서 채택된 '유엔기후변화협약'에선 기후변화 해결을 위한 중요한 원칙인 '공동의 그러나 차별화된 책임' 개념이 승인 돼.

기후변화는 문명을 일군 인류 모두의 책임이기도 하지만 모두가 같은 무게의 책임을 져야 하는 건 아니야. 남들보다 더 오랫동안, 더 많이 온실가스를 배출해 온 나라, 집단, 계층이 더 많은 '차별화된 책임'을 져야 해. 그래서 1992년 유엔기후변화협약에선 선진국들이 2020년까지 온실가스배출 규모를 1990년 수준으로 안정화해야 한다고 권고했어. 그런데 '권고'라는 말에서 짐작하겠지만 사실 이 권고는 아무런 강제력이 없었어.

1997년 일본 교토에서 열린 제3차 유엔기후변화협약 당사국총회서는 '교토의정서'가 채택 돼. 교토의정서에선 '권고'만으로는 온실가스 감축이 불가능하다는 것을 깨닫고 2008년부터 2012년까지를 1차 의무감축기간으로 정하고 미국, 영국, 독일, 일본, 호주 등 주요 선진국의 온실가스 배출량을 1990년 수준 대비 평균 5.2% 감축할 것을 의무화했어. 당장 실행이 어려운 국가를 위해서 보조적 방법도 마련했지. 발생한 온실가스를 감축시키는 기술을 도입하면 배출량을 줄인 걸로 인정하거나 탄소를 배출할 수 있는 권한을 사는 배출권거래제도를 만들었어. 그런데 이 교토의정서가 발효되기도 전인 2001년 가장 많은 온실가스를 배출하는 나라인 미국이 선진국들만 감축의무가 있는 것에 항의하며 교토의정서를 탈퇴했어.

미국을 제외한 37개의 의무감축국가들은 1차 의무감축기간 동안 목표를 훨씬 웃도는 평균 22.6%를 감축했어. 하지만 이 국가들이 배출하는 온실가스는 세계 배출량의 22%정도밖에 차지하지 않아. 그래서 이런 성과에도 불구하고 세계 전체의 온실가스 배출량은 1990년 이후 20년 동안 계속 늘어나기만 했어.

2012년 카타르 도하에서 열린 제18차 당사국총회에선 교토의정서 2차 의무감축기간을 2012년부터 2020년까지로 정하고 온실가스 배출량을 평균 19% 줄이자고 정했지. 그러나 1차 의무감축기간 당시엔 개발도상국으로 분류되었던 중국이나 인도는 2013년엔 온실가스 배출 1위, 3위 국가가 되었지만 여전히 감축의무를 지지 않겠다고 발표했어. 이 나라들이 빠진 것을 문제 삼아 캐나다, 일본, 러시아, 뉴질랜드도 2013년 의정서에 불참하겠다고 했어. 또다시 각 나라의 입장과 이해관계 때문에 기후변화협약이 의미를 다하지 못하는 일이 벌어진 거야.

2015년 파리에서 열린 제21차 당사국총회에선 선진국에만 온실가스 감축의무를 주었던 교토의정서와 달리 195개국 당사국 모두가 감축의무를 지게 한 '파리협약'이 체결돼. 이 협약은 지구평균기온이 산업화 이전인 1850년보다 2℃ 이상 오르는 것을 방지하고 1.5℃ 미만으로 유지하기 위해 노력하자고 목표를 세웠어. 이를 위해 모든 국가가 자발적으로 온실가스 감축목표^{NDC, Nationally Determined Contribution}를 세워 제출하고 5년마다 점검하기로 했어.

그리고 IPCC에 평균기온 상승 1.5℃와 2℃가 어떤 차이인지, 각 상황에 따라 어떤 일이 벌어질지, 어떤 목표로 세우고 가야 할지를 내다볼 수 있는 특별보고서를 요청했어. 2014년에 발표된 IPCC 5차 보고서에선 지구평균기온 상승 2℃에 따른 시나리오가 제시되었고 파리협정 역시 이 시나리오에 따라 만들어졌어. 그러나 2℃가 상승하면 해수면이 높아져 물에 잠길 수도 있는 태평양의 섬나라와 기후정의 활동가들의 거센 반발로 1.5℃ 기준을 새로 논의하기로 한 거야.

기후대응을 위한 국제기구와 협정

IPCC Intergovernmental Panel on Climate Change

유엔의 전문기기구인 세계기상기구와 유엔환경계획이 1988년에 공동 설립했다. 인간 활동에 의한 기후변화의 위험을 과학적으로 평가하고 대책을 마련한다. 195개국이 참여하고 있으며 기후변화 대응을 위해 노력한 공로로 2007년 노벨평화상을 수상했다.

IPCC 평가보고서

IPCC는 전 세계 기후변화 연구 결과들을 종합 분석하여 IPCC보고서를 발행한다. 이 보고서는 유엔기후변화협약에서 정부 간 협상의 근거자료로 활용된다. 5~7년 주기로 기후변화의 원인과 영향, 대응 등을 종합적으로 다루는 평가보고서는 2023년까지 6차례 발행되었다. 특정 이슈에 대한 특별보고서, 온실가스 감축을 위한 방법을 제공하는 방법론 보고서도 발행된다. IPCC평가보고서는 전 세계에서 800여 명의 과학자와 2천 여 명의 각 분야의 전문가가 참여해 만들어진다.

유엔환경계획 UNEP United Nations Environment Program

1972년 6월 5일 스웨덴 스톡홀롬에서 열린 환경에 관한 최초의 국제회의인 '유엔인간환경회의'에서 설립되었다. 유엔기후변화협약 등의 환경 관련 국제협약을 관리한다.

세계기상기구 WMO World Meteorological Organization

전 세계의 날씨, 기후, 물순환 등에 관한 국제적인 협력을 추진하는 유엔의 전문기구로 1950년에 설립되었다. 해마다 전 세계의 기후변화상황을 관측하고 평가한 지구기후현황 보고서를 발행하며 기후위기의 심각성을 일깨운다.

세계보건기구 WHO World Health Organization

세계 모든 사람들의 건강과 복지를 위해 국가 간 협력을 주도하는 유엔 전문기구이다. 2021년 인류가 직면한 가장 큰 건강 위협이 기후위기라는 '기후변화와 보건에 관한 특별보고서'를 발표하고 의료시설이 부족해 기후위기로 인한 건강위협에 더 취약한 나라들을 지원하고 있다.

유엔식량계획 WFP World food Programme

기아문제를 해결하기 위해 1961년 설립된 식량원조기구다. 기후위기로 잦아진 자연재해 때문에 식량생산이 줄어들어 기아에 노출되는 사람들이 늘어나고 있다. 이들을 위한 식량 지원 및 기후적응과 회복을 위한 활동을 하고 있다.

녹색기후기금 GCF Green Climate Fund

선진국들이 기금을 만들어 개발도상국의 온실가스 감축과 기후변화 적응 사업에 투자하기 위해 만들어진 국제금융기구로 2013년 12월 우리나라 인천 송도에 사무국을 두고 출범하였다.

유엔기후변화협약 UNFCCC United Nations Framework Convention on Climate Change

1992년 6월 브라질 리우데자네이루에서 개최된 유엔환경개발회의에서 채택되어 1994년 3월 21일부터 발효된 온실가스 감축을 위한 국제협약이다. 우리나라는 1993년 47번째로 협약에 가입했고 2023년 기준 198개국이 참여하고 있다.

기후변화협약당사국총회 COP Conference of Parties

유엔기후변화협약에 참여하는 나라를 당사국이라 한다. 당사국은 1995년 독일에서 열린 제1차 당사국총회 이후 해마다 총회를 열어 온실가스 감축목표나 감축방안 등을 결정한다.

교토의정서

1997년 12월 일본 교토에서 열린 3차 당사국총회에서 채택된 유엔기후변화협약의 이행방안. 42개 선진국에게 2008년부터 2012년까지 1990년 대비 온실가스 배출을 5.2% 감축하라는 의무를 부여하였다. 2012년 카타르 도하에서 열린 제18차 당사국총회에선 교토의정서의 내용을 2020년까지 연장하였다.

파리협약

교토의정서 이행기간이 끝나는 2020년 이후부터 적용된 새로운 유엔기후변화협약의 조약이다. 선진국에게만 감축의무를 부여했던 교토의정서의 한계를 넘어 모든 국가가 각 상황에 따라 스스로 온실가스 감축목표를 정하고 5년 단위로 점검해 지구 평균기온 상승을 2℃ 이내로 억제하고 1.5℃ 미만으로 유지하자는 목표를 세웠다.

엄마의 환경수업

지금과는
다른 방식으로

#온실가스 #물질발자국 #지구위험한계선 #BAU

오랫동안 전 세계가 나서서 기후위기의 대책을 마련했는데도 왜 나아지지 않은 걸까? 1992년 처음 리우회의에서 기후변화협약을 만들 때 세계의 온실가스 배출량은 381억 CO_2eqt이었으나 2019년에는 574억 CO_2eqt를 배출했어. 1992년에 1990년 기준 온실가스를 5.2% 감축하자는 목표를 세웠지만 줄기는커녕 27년 동안 50%가량 증가한 거야. 특히 2000년대 이후 온실가스 배출량의 증가 그래프는 여느 때보다 가파른 상승을 보여주고 있어. 그동안 지구는 점점 더 뜨거워지고 있어.

기후변화협약 당시 의무감축국에서 제외되었던 중국이 그 사이 경제성장을 하며 온실가스 배출 1위 국가가 되었고 미국 등 여러 나라가 기후변화협약을 탈퇴해 협약의 실효성이 사라진 점 등이 원인

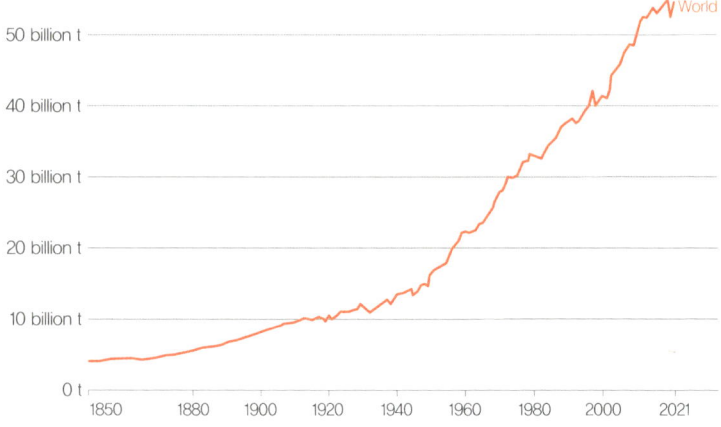

전 세계의 연도별 온실가스 배출 그래프 — 이산화탄소, 메탄, 아산화질소 등 모든 온실가스를 이산화탄소 환산량으로 측정해 나타낸 온실가스배출그래프. 기후변화협약이 만들어진 1990년대 후에도 온실가스 배출량은 지속적으로 늘어나 2019년에는 1990년 대비 50%나 증가했다.

출처: our world in data

이야. 그 중에서도 근본적인 원인은 모든 나라가 온실가스 배출을 줄여서 기후위기를 막는 것보다 자기 나라의 '경제 성장'을 더 중요하게 여기기 때문이야.

경제가 성장할수록, 그러니까 더 많이 생산하고 더 많이 소비할수록 온실가스도 더 많이 배출하고 더 많은 자원을 소비해. 그러나 이제 '성장'을 다시 고민해 봐야 해. 과연 무엇을 위한, 누구를 위한 성장이고 언제까지 가능할지 말이야.

경제가 성장하는 만큼 온실가스 배출로 인한 기후위기의 위험도는 증가해. 언젠가는 이 위험으로 인한 피해를 막고 복구하느라 모

엄마의 환경수업

든 재원을 쏟아 붓는 날이 올 거야. 그래서 아무리 경제성장을 하고 싶어도 불가능해질 날이 올 수밖에 없어. 또한 경제성장을 위해 사용된 모든 물질은 지구에서 얻은 거야. 사용할 수 있는 양도 한정돼 있고 추출해서 가공하고 사용하는 과정에서 지구 생태계에 영향을 미칠 수밖에 없어. 학자들은 연간 500억t 정도의 물질이 지구가 감당할 수 있는 임계점이라고 보고 있어. 그러나 1992년에 이미 500억t을 넘었고 2000년대 들어서는 가파르게 증가했어. 2023년 발표된 유엔지속가능발전보고서에 따르면 2019년 물질 사용량은 951억t이 되었어.

과연 지구는 이 증가 속도를 감당할 수 있을까? 이 질문에 대해 학자들은 '지구위험한계선'planetary boundaries이라는 개념으로 답하고 있어. 지구위험한계선은 '인류세'라는 개념을 만든 파울 크리스천과 미국의 기후과학자 제임스 핸슨, 스톡홀름 복원력센터의 요한 록스트룀 등의 과학자들이 만든 개념이야.

지구는 지구를 구성하는 모든 요소들이 상호작용, 상호의존하며 복잡하게 얽힌 하나의 통일된 집합체야. 인간의 활동이 지구의 모든 구성요소에 영향을 미치지만 어느 정도까지는 지구의 회복력으로 다시 복원이 되지. 1만 년 전부터 문명을 일궈온 인류가 지금까지 지구에서 살아갈 수 있었던 이유야. 그런데 그 영향이 점점 커져서 어느 지점을 넘어서게 되면 지구도 더 이상 회복력을 발휘하지 못해.

또 어느 한 부분이라도 압력이 가해져 특정 지점을 지나게 되면 연쇄반응을 일으켜 돌이킬 수 없을 정도로 지구가 파괴될 수 있어. 바로 그 지점이 지구위험한계선이야. 이 한계선을 넘는다면 지구 위모든 생명체들에게 안전한 보금자리였던 지구가 오히려 생명체들을 위협하는 곳이 될 수도 있어.

과학자들은 인간의 활동이 지구에 영향을 끼치는 것을 아홉 가지 영역으로 나누어 넘지 말아야 할 한계선을 추산했어. 아홉 가지 영역은 ①기후변화, ②화학오염, ③오존층감소, ④미세먼지, ⑤해양산성화, ⑥질소와 인의 부하, ⑦담수이용, ⑧토지이용변화, ⑨생물다양성손실이야. 기후위험한계선은 대기 중 이산화탄소 농도가 350ppm이 되는 지점이야. 그런데 우리는 이미 1990년대에 350ppm을 넘었지. 기후변화, 질소와 인의 부하, 생물종다양성 손실 같은 항목들은 2009년에 이미 지구위험한계선을 넘어선 상태야. 각 요소는 서로에게 영향을 미치기 때문에 전부가 아닌 몇 개의 요소가 위험해져도 한꺼번에 위험해질 수도 있어. 처음으로 지구위험한계선을 측정했던 2009년에는 3개의 지표가 안전영역을 벗어났지만 2023년에는 9개의 지표 중 6개의 지표가 위험한 범위에 들어갔어. 과학자들은 지구가 우리에게 안전한 보금자리로 남으려면 당장 온도상승을 1.5℃ 이내로 멈추고 생물다양성손실을 0으로 해야 한다고 경고하고 있어. 지구위험한계선을 넘어서는 끝없는 경

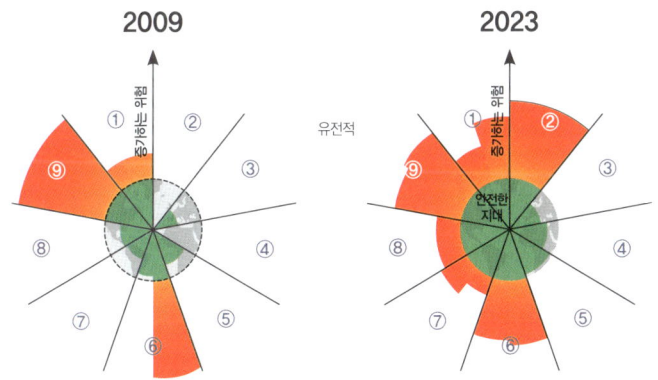

2009   2023

①기후변화, ②화학오염, ③오존층감소, ④미세먼지, ⑤해양산성화, ⑥질소와 인의 부하, ⑦담수이용, ⑧토지이용변화, ⑨생물다양성손실

지구위험 한계선 — 인류가 생존하는데 필요한 지구 시스템의 경계를 설정한 지구위험한계선. 2009년 처음 측정되었다. 화학오염과 미세먼지 영역은 2009년 측정불가능했다. 그중 화학오염 측정이 가능해져 2023년에 반영되었다. 2023년엔 9개 중 6개 지표가 안전지대를 넘어 위험으로 치닫고 있음을 보여준다.

출처: 스톡홀름복원력센터

제성장 추구는 곧 우리에게 파국을 가져다줄 거야

    Business As Usual, 줄여서 BAU 라는 경제용어가 있어. 지금까지 하던 대로라는 말이야. 기후위기 상황에서 당장 우리가 버려야 할 이 태도가 바로 BAU야. 지금까지 하던 대로, 생각하던 대로, 살던 대로만 유지한다면 절대 기후위기를 벗어 날 수 없어.

1972년 『성장의 한계』라는 책이 출간되었어. 이 책은 이탈리아의 기업가이자 경제학자인 아우렐리오 페체이가 세계가 직면한 빈곤, 전쟁, 오염, 범죄, 자원고갈, 테러, 인종주의 등의 문제가 서로 어떻게 연결되어 있으며 근본적인 해결책은 무엇인지 답을 얻기 위해 세계 석학들을 모아 만든 '로마클럽'이 집필한 책이야. 로마클럽은 세계의 문제를 66가지로 정리하고 각 문제의 관계성을 찾기 위해 미국 메사추세츠 공과대학교^{MIT}의 제이 포레스터 교수에게 연구를 의뢰했어.

제이 포레스터 교수는 모든 문제의 원인이 '성장'에 있다고 분석했어. 예를 들면 에너지 부족은 유정을 더 개발하고 빈곤을 해결하기 위해 주택을 더 공급해야 한다는 식의 관점이 오히려 문제의 원인이라는 거야. 이 분석에 대한 과학적인 답을 얻기 위해 MIT 시스템 다이내믹스 연구팀은 사회 문제와 성장의 관계를 분석하는 컴퓨터 시뮬레이션 '월드3'를 개발해 인구가 늘고 경제가 계속 성장하면 사회가 어떻게 되는지를 시뮬레이션해 봤지.

결과는 '유한한 자원을 지닌 지구상에서 지금처럼 무한한 인구성장과 경제성장을 추구한다면 앞으로 100년 이내에 성장은 한계에 직면한다'는 거였어. 12가지 시나리오를 가정했는데 모든 시나리오에서 결국 자원고갈, 환경오염, 식량부족이 발생해 성장은 한계에 직면하고 문명이 붕괴될 수도 있다는 결과가 나왔어. 연구팀은 '성장의 한계는 기술의 발전으로 극복할 수 있는 문제가 아니다. 유한한 지구에서 무한한 성장이 가능하지 않다는 것을 사람들이 인식하고, 성장지향적인 가치관과 방식을 바꾸고 소비위주의 생활습관을 변화시키지 못하면 성장의 한계를 극복할 수 없다.'고 말했어.

시뮬레이션 프로그램 '월드3'로 진행하는 이 연구는 지금도 계속 진행되고 있어. 새롭게 데이터를 넣고 결과를 얻는데, 결과는 언제나 마찬가지야. 2021년에도 이 프로그램에 인구, 출산율, 사망률, 산업생산, 식량생산, 오염, 인간복지, 생태발자국 등의 데이터를 입력해 비교해 보았어. 또다시 세계가 지금처럼 계속 성장을 추구한다면 아무리 혁신적인 기술이 도입되어도 결국 10년 안에 성장은 멈추고 파국을 맞을 거라는 결과가 나왔어. 그러나 만약 인류가 우선순위를 성장이 아닌 인구증가를 막고 산업생산을 줄이고 보건이나 교육에 집중한다면 안정세계가 가능하다는 결과도 보여줬어.

지금 우리 사회에 경제는 언제나 성장해야만 한다는 신화가 있어서 해마다 GNP가 3%씩 늘어야 한다고 해. 매해 3%식 증가한다는 것은 복리로 계산해보면 24년 즈음 뒤엔 두 배의 성장을 이룬다는 뜻이야. 그건 지금보다 두 배나 많은 온실가스를 배출하고 두 배나 많은 자원을 쓴다는 의미인데, 그게 가능할까? 그 성장에 도달하기까지 과연 우리는 무사할 수 있을까?

기후위기를 해결하려는 노력이 부족한 것, 실질적인 해결책을 제시하지 못하는 것, 적극적인 행동과 정책의 변화가 실행되지 않는 것 등의 배경엔 우리가 여전히 '무한성장'을 신화처럼 믿고 있기 때문일 거야.

아이러니하게도 정부가 만든 탄소중립 공익광고에 '우리 모두의 실천으로 우리는 더 행복하게 대한민국은 무한성장하게 될 것입니다.'라는 표현이 나오더라고. 탄소중립은 무한성장이 불가능하다는 자각에서부터 시작되어야 하는데 말이야.

그럼 경제가 성장하지 않으면 어떻게 되는 거야? 라는 질문을 할 수 있어. 성장하지 않으면 우리는 모두 망하는 거 아니야? 라는 걱정이 들 수도 있어. 그러나 우리가 더 걱정해야 할 것은 성장을 추구하는 세상이 언제까지 가능할 것인지 일 거야.

인류가 손잡고 탄소중립

#넷제로 #탄소예산 #석탄발전소

세계는 기후위기를 해결하기 위해 이제 넷제로를 목표로 하고 있어. 2018년 IPCC 1.5℃ 특별보고서에선 전 세계가 2050년까지 이산화탄소뿐만 아니라 모든 온실가스의 넷제로를 달성해야 지구 온도 상승을 1.5℃ 이내로 막을 수 있다고 했어. 우리나라는 이산화탄소를 대표적인 온실가스로 정해 2050년까지 탄소배출을 넷제로로 하는 탄소중립을 선언했어. 이 말은 2050년 이전까지는 지금처럼 배출하다가 2050년에 탄소배출을 멈추면 된다는 말이 아니야. 이미 배출된 탄소가 많기 때문에 남은 30년 동안 2010년과 비교해 순배출량을 절반 가까이 줄여야 한다는 뜻이지.

어떤 사람들은 기후위기 대응은 전쟁 대응과 같다고 해. 코로나 팬데믹에 우리나라 정부가 재정을 쏟고 모든 행정을 동원하고 시민들의 움직임도 제한하면서 위기 대책에 나서는 것처럼 전면적인 대응을 해야 한다는 말이야. 만약 목표대로 탄소중립을 실현하려면 우리는 코로나 대응 이상으로 전 사회적인 역량을 기후위기 대응에 쏟아 부어야 할 거야.

세계적인 기후활동가인 그레타 툰베리가 17살이었던 2019년. 툰베리는 세계경제포럼에 초대되어 격양된 얼굴로 세계의 정상들을 향해 이렇게 말했어

"공포를 느끼십시오. 제가 매일 느끼는 공포를 느끼시길 바랍니다. 그리고 행동해 주십시오. 위기상황에 놓인 것처럼 행동해 주십시오"

기후위기를 정말 위기로 받아들이고 있다면 위기감을 갖고 사회 전체가 함께 탄소배출을 줄이기 위해 행동해야 하는데 실상은 그렇지 않아. '탄소예산'이라는 개념으로 상황을 보면 더욱 심각한데, 탄소예산은 지구 평균기온 상승을 일정한 온도 이내로 막기 위해 인류에게 허용된 온실가스 배출총량을 말해. 2023년 3월 공개된 IPCC 6차 평가보고서에선 온도상승을 1.5℃ 이내로 억제하기 위해 인류가 쓸 수 있는 탄소예산은 5천억t 밖에 남지 않았다고 했어. 지금처럼 해마다 약 500억t의 온실가스를 배출한다면 10년도 되지 않아 예산이 고갈돼.

우리나라는 어떤 상황인지 살펴볼까. 1990년 우리나라는 온실

강원도 삼척 맹방해변, 새로 지어지고 있는 석탄화력발전소를 반대하는 기후활동가들이 자신들의 뜻을 알리기 위해 시위를 하고 있다. 지금 우리나라에선 7기의 석탄발전소가 지어지고 있다.

가스 배출 순위 29위로 교토의정서의 의무감축국에서 제외되었어. 하지만 2020년에는 656백만t의 온실가스를 배출하며 1990년 대비 125%나 증가해 세계 12위의 온실가스배출국이 되었어.

세계자원연구소는 탄소중립을 실현하는 11가지 핵심적인 방법으로 석탄발전소 전면 폐쇄, 에너지 효율과 재생에너지 투자, 건물 리모델링, 시멘트·플라스틱·철강 탈탄소화, 전기차 전환, 공공교통

확대, 항공선박 탈탄소화, 산림파괴 중단, 토양회복, 식품 손실과 폐기물 줄이기, 채식위주 식단을 제안하고 있어.

앞의 항목들에 대해 우리나라는 어떤 상황일까? BTS가 뮤직비디오를 찍었던 삼척 맹방 해수욕장엔 지금 석탄발전소가 건설 중이야. 2시간 이내의 국내선은 모두 비행기 운행을 금지시키는 법이 하원을 통과했다는 프랑스와는 달리 우리나라는 제주도 제2공항을 비롯해, 새만금, 백령도 등 모두 7개의 신규 공항이 논의 중이야.

정부는 2021년 탄소중립을 선언했고 기후변화협약당사국총회에선 글로벌 탈석탄 전환 선언에도 참여했는데 석탄발전소의 폐쇄에 대해서는 논의가 이뤄지지 않고 있어. 산림파괴를 중단하는 것에 반해 대형 골프장, 국립공원 케이블카, 산악열차 설치 계획들은 여전히 곳곳에서 이슈가 되고 있지. 2030년을 전후해 영국, 독일, 스웨덴은 내연기관차 판매를 금지하기로 했지만 우리나라는 아직 논의 전이야.

석탄발전소가 없어지고 내연기관차 생산이 중단된다면 사라지는 일자리에 대한 대책은 어떻게 세울까? 이 모든 일을 진행할 예산은 어떻게 마련해야 할까? 이런 논의나 결정은 정치인들이나 기업들끼리만 하는 게 아니라 국민들이 함께 협의하고 동의해야 하는 문제인데, 우리 사회에선 아직 이런 문제가 전국민의 논의 주제로 떠오르지 않았어.

앞으로 중요한 의사결정을 하게 될 대통령, 국회의원, 지방자치단체장을 뽑는 선거에서 이런 주제를 의제화하는 후보를 선출해야겠지.

우리 사회는 말로만 기후위기가 심각하다, 탄소중립을 해야 한다고 외치는 게 아닌지 심각하게 고민해 봐야 해. 기후위기가 심각하니 나무를 심어야 한다, 자동차를 덜 타야 한다, 텀블러를 갖고 다녀야 한다, 전기를 아끼자며 시민들의 실천만 독려하고 정책과 시스템적으로 해결해야 할 근본적인 문제는 뒤로 하고 있는 건 아닌지 말이야.

기후위기와 탄소중립에서 가장 먼저 해결해야 할 문제는 '에너지'야. 인류의 역사는 에너지 전환의 역사라고 해도 과언이 아닐 거야. 인류의 시작이 '불'을 에너지로 다룰 줄 알게 되면서부터니까. 어떤 에너지를 사용하는지가 역사를 구분하는 기준이 되기도 해. 불을 사용하고 물을 이용한 수차와 바람을 이용한 풍차를 만들던 때까지를 저에너지사회라고 해. 석탄을 태워 에너지를 얻는 '증기 기관'을 발명하면서 산업혁명이 시작되었어. 그리고 20세기 초 전기를 기반으로 생산이 이루어지는 고에너지사회가 되었어.

고에너지사회에서 우리는 과거와는 비교할 수 없는 문명의 혜택을 누리고 있어. 앤드류 니키포룩이 쓴 책『에너지 노예, 그 반란의 시작』에선 과거 로마제국의 귀족 한 명에게 일상을 돕는 노예가

우리나라가 여전히 화석연료와 원자력 에너지에 의존하고 있는 사이 세계는 빠르게 태양광, 풍력 같은 재생에너지로 에너지 전환을 하고 있다. 독일의 2023년 재생에너지 발전 비율은 40%가 넘고 2021년 기준 세계의 평균 재생에너지 비율이 10.3%인데, 우리나라는 4.7%에 불과하다.

4명 정도 있었는데 현대 미국인 1명에겐 노예 174명이 있다고 했어. 물론 인간 노예가 아니라 174명의 노동력 만큼 에너지를 사용하고 있다는 거야. 끼니마다 따뜻한 밥을 먹고 추울 땐 따뜻하게, 더울 땐 시원하게 지내며 매일 세탁기를 돌려 깨끗한 옷을 입고, 밤에도 낮처럼 불을 켜 놓고, 자주 고기를 먹고, 수십 km를 몇십 분 만에 이동하는 현대의 우리가 누리는 풍요는 에너지를 사용하기 때문에 가능한 거야. 하지만 이렇게 에너지를 사용한 결과 자원고갈, 생태계 파괴, 환경파괴, 기후위기 같은 문제도 심각하게 겪고 있어. 기후위기는 이제 더 이상 우리가 원하는 대로 에너지를 소비할 수 없다는 걸 경고하고 있어. 이제 '고에너지 사회'에서 전환을 해야 할 때가 온 거야. 에너지 전환은 단순히 에너지원을 다른 것으로 바꾼다는 의미가 아니야.

우리나라 국가온실가스통계에 따르면 2019년 기준 온실가스 배출량의 87.2%가 에너지 사용으로 발생해. 석탄, 석유, 천연가스 같은 화석연료가 발전, 산업공정, 수송, 건물, 농업 등 모든 분야에서 사용되면서 온실가스를 배출하는 거지. 그러니 온실가스 배출을 줄이기 위해서는 화석연료를 이용한 에너지원에서 재생에너지로 전환하는 '에너지 전환'이 이뤄져야 해. 이건 쉬운 일이 아니야. 백 년 가까이 화석연료에 의존해 왔던 사회의 모든 구조를 바꾸어야 하거든.

석유로 달리던 내연기관 자동차가 사라지고 전기자동차로 바뀌는 일이고 석탄 화력으로 전기를 만들던 것에서 풍력이나 태양광 같은 재생에너지로 전기를 만드는 일이야. 그동안 값싸게 사용해 왔던 전기를 더 이상 값싸게 사용할 수 없다는 의미이기도 하지. 그리고 에너지 절약과 에너지 효율이 생활의 기본이 되어야 한다는 뜻이야. 건물마다 아파트마다 옥상이나 베란다에 작은 태양광발전기가 있는 풍경이 흔해질 것이고 어떤 에너지를 만들고 사용하는지를 직접 결정한다는 의미이기도 해. 화석연료를 기반으로 했던 모든 산업이 축소되고 재생에너지 등 새로운 산업이 성장해야 한다는 의미야. 그러면 기존의 탄소 산업 분야에서 일했던 사람들의 일자리 문제나 경제 문제가 발생할 거고 에너지전환으로 피해를 입는 사람들도 생길 거야. 그래서 에너지 전환은 정의롭고 민주적으로 이뤄져야 해.

무엇보다 에너지 사용이 가장 많은 곳은 산업분야인데 이 분야에서 에너지 사용을 줄이는 것을 곧 산업의 퇴보로 여기는 사람들도 많아. 축소되는 산업이 생길 수도 있지만 반대로 새롭게 등장하고 성장하는 산업도 생기겠지.

기후위기 시대에 새롭게 부상하는 산업은 과거처럼 화석연료에 의존하거나 대량생산과 대량소비를 일으키는 산업이 아니라 재생에너지를 기반으로 쓰레기를 줄이고 재사용과 재활용을 늘리는 산업이어야 해. 서로 돌보고 문화와 예술, 교육, 복지에 투자하는 경제여야 하지. 필요한 것은 공동체가 함께 갖고 나눠 쓰는 공유의 경제, 환경오염을 일으키거나 다시 자원으로 돌아가지 않는 물건은 아예 생산하지 않는 녹색경제, 야생동식물의 서식지를 보존하고 파괴된 자연을 복원해 생태계의 회복력을 키우는 생태경제, 생산지의 노동과 자원에 정당한 대가를 지불하는 공정경제, 에너지를 소비해 먼 나라에서부터 온 물건이 아니라 가까운 마을에서 생산된 것을 쓰는 마을경제여야 해.

탄소중립과 정의로운 에너지 전환은 어떻게 이룰 수 있을까? 엄마는 정치인이나 기업이 스스로 알아서 하리라고는 생각하지 않아. 그럼 누가 하냐고? 바로 너희 같은 청소년을 포함한 우리, 시민들이야. 시민들이 기후위기 대응을 위해 무엇을 할 수 있을까를 이야기하면 언제나 우리가 생활에서 실천해야 하는 여러 가지를 말해. 에너지를 절약하고 대중교통을 이용하고 쓰레기 배출을 줄이고 고기를 덜 먹는 것 같은. 물론 이런 실천은 우리가 가장 먼저 할 수 있는 일이고 이런 일 역시 제대로 하기란 쉽지 않아서 혼자보다 같이 실천할 수 있는 그룹을 만들고 서로 격려하고 응원하면서 가야 해.

기후위기를 말하면서도 덥다고 에어컨 맘껏 틀고 휴가 땐 비행기를 타고 일회용품을 함부로 쓰는 사람들이 많다면 절대로 온실가스 감축은 이뤄지지 않을 거야. 우리의 에너지 소비가 줄지 않는다면 석탄발전소를 없애지도 못해. 태양광발전이나 풍력발전으론 에너지소비를 감당하지도 못할 테니까. 그리고 엄마는 일회용품을 쓸 때 불편해 하는 마음에서부터, 거리에 널브러진 담배꽁초를 보며 화가 나는 마음에서부터 우리의 실천이 시작된다고 생각해. 이런 평범한 시민들의 감수성과 감각이 결국 탄소중립, 온실가스 감축을 가로막는 사회의 구조를 바꾸는 원동력이 될거야.

시민들이 할 수 있는 일은 개인의 실천만이 아니야. 시민들의 이런 실천이 의미가 있고 효과를 발휘하기 위해서는 또 다른 행동이 필요해. 우리 사회가 온실가스 배출을 줄이고 기후위기에 적응할 수 있는 사회가 되도록 정부와 기업에게 계속 목소리를 내서 사회 환경이 바뀌도록 해야 해.

정치인들은 유권자들의 표를, 기업인들은 소비자를 의식하잖아. 그래서 유권자이자 소비자인 우리가 어떤 관점, 어떤 태도를 취하는가는 매우 중요해. 시민들이 에너지 전환부터 기후위기 적응을 위한 대책을 마련하는데 적극적인 정치인을 지지하고, 제품 생산단계부터 폐기하기까지 탄소배출을 줄이기 위해 애쓰는 기업의 제품을 더 좋아한다면 정치와 기업도 기존의 관행을 벗어나 기후위기 대응에 나서기 시작할 수밖에 없어.

우리나라를 비롯한 세계 곳곳에선 기후위기 대응에 적극적으로

2019년 가을 지금 당장 기후위기를 선언할 것을 정부에 촉구하기위해 시민들이 보였다. 시민들은 기후위기를 일으키는 생활방식을 돌아보는 한편 사회시스템을 바꾸기 위해 기업과 정부를 항해 목소리를 낸다. 적극적인 기후시민들이 결국 세상을 바꿀 것이다.

목소리를 내는 시민들이 있어. 특히 '청소년'들은 기후위기 대응에 가장 앞장선 세대야. 2019년부터 전 세계에서 각 정부에게 기후위기의 심각성을 호소하고 대책을 촉구하는 대규모 시위가 열렸는데 대부분 청소년들이 주축이 되었어. 우리나라 청소년들은 기후위기로 파괴되는 미래에 대한 대책을 적극적으로 세우지 않는 국가를 상대로 소송을 벌이고 있어.

2020년 3월 13일, 청소년 원고 19명이 국가가 기후위기를 방관하고 있으며 이는 헌법에 위배된다고 정부와 국회를 상대로 헌법 소원을 청구했어. 19명의 청소년들은 우리나라의 국가 온실가스 목표가 미흡하고, 그 결과 미래를 살아갈 청소년들의 생존권, 평등권, 인간답게 살 권리, 직업 선택의 자유 등 기본권이 침해받고 있다고 주장했어.

2022년 6월엔 아기기후소송단이 헌법재판소에 헌법소원을 청구했지. 아기기후소송단은 태아를 포함해 10세 미만의 어린들로 구성되었어. 현재 정부가 마련한 탄소중립기본법에서 밝힌 2030년까지 2018년 대비 온실가스를 40%를 감축하겠다는 목표로는 아기들의 생명권과 행복추구권 같은 기본권을 보장할 수 없어서 위헌이라고 주장하고 있지. 아기기후소송단에 참여한 한 어린이는 "어른들이 책임도 안지고 저희들에게 떠넘기려고 해서 기분이 나빠요"라고 말했어. 모든 어른들이 이 어린이의 말에 귀 기울여야 해.

기후위기를 일으킨 세대로서 책임감을 느끼고 기후행동에 나선 어른들도 있어. 60세 이상의 어른들이 만든 '60 + 기후행동'에서는 유산의 10%를 기후기금으로 만들어 기후활동가들을 지원하는 '사회적 상속'을 추친하고 있어.

세계적으로 최근 8년간 정부나 기업이 기후위기를 더 심각하게 하거나 제대로 대책을 세우지 않아 피해를 입은 시민들이 소송을 제기하는 '기후소송'이 1천 2백여 건이나 돼. 그중에는 실제로 승소한 사례도 있어.

2013년 네덜란드의 환경단체인 위르헨다가 네덜란드 정부에 온실가스 목표를 상향 조정해야 한다고 제기한 소송에서 법원은 정부에게 온실가스 감축 목표를 기존의 17%에서 25%까지 더 올리도록 명령했어.

2021년엔 독일 연방헌법재판소는 독일 연방기후보호법이 헌법에 위배된다고 위헌결정을 내렸어. 2021년 네덜란드 시민들이 세계 2위 규모의 석유회사 '로열더치셸'을 상대로 낸 소송에서 네덜란드 헤이그 지방법원은 기업에게 2030년까지 온실가스 배출량을 2019년 대비 45% 줄일 것을 명령했어. 법원이 기후위기에 대한 기업의 책임을 묻는 첫 번째 사례라고 해. 기후 소송은 기후위기 대응을 위해 시민들이 정부와 기업에 목소리를 내는 적극적인 행동이야.

날마다 생활하는 집과 학교에서부터 마을과 지자체, 기업에 이르기까지 기후위기에 대응하기 위해 '기후시민'으로서 어떤 행동을 할 수 있는지 함께 생각해 보자.

3장

모두를 위한
먹을거리

'먹방'이라는 말이 옥스퍼드 사전에도 올랐다며? 엄마는 처음 '먹빵, 먹빵' 하길래 무슨 빵 이름인가 했어. 먹는 방송이라는 걸 알고 나서도 남이 먹는 걸 왜 보지? 했거든. 그런데 생각해보니 TV에서 맛집이 소개되거나 맛있게 먹고 요리하는 모습이 나오는 걸 보면 '아 나도 먹고 싶다', '저 요리 해 보고 싶다' 할 때가 많으니까, 그런 마음으로 먹방을 보는 거겠지?

그리고 혼자 사는 사람들이 많은 요즘엔 먹방을 보면서 밥을 먹으면 혼밥이 아닌 것 같겠지. 식욕이 없거나 몸이 아파 먹는 게 힘든 사람들에겐 어쩌면 먹방이 활력이 될 수도 있을 테고. 어마머마한 양을 먹는 걸 보여주는 것만 있는 줄 알았는데, 요즘은 음식을 만들어 먹는 먹방도 있고 다양한 음식을 소개해주는 먹방도 있다며? 너는 어떤 먹방을 좋아해?

솔직히 말하면 엄마는 먹방을 포함해 여러 방송매체에서 나오는 음식에 관한 장면에서 조금 불편하고 아쉬운 점들이 있어.

일단 고기를 먹는 모습이 너무 많이 나오더라고. 좋은 걸 먹는다 하면 고기, 음식을 대접한다 하면 고기, 축하하기 위해 모인 자리에선 언제나 고기. 이런 걸 자주 보다 보면 고기를 먹는 게 '잘 먹는 것'이라는 인식이 쉽게 생길 것 같아. 기후위기를 막기 위해 개인이 할 수 있는 가장 강력한 실천이 채식이라고 말하는 시대에 너무 고기, 고기 하는 것 같아.

또 배달 음식을 시켜먹는 모습도 너무 많아. 특히 '혼자 사는 사람의 식사'는 곧 '배달 음식'인 것처럼. 배달 음식을 담는 용기도 문제고 집에서 먹는데도 일회용 수저를 사용하는 모습을 보면 분리배출은 제대로 할지, 뜨거운 음식이 비닐봉지나 스티로폼 용기에 담겨오는 모습을 보면 건강엔 괜찮을까 하는 생각을 하게 돼.

산낙지를 그대로 먹거나 끓는 냄비에 넣는 장면도 자주 나오는데 외국인들이 그런 모습을 보며 놀라는 걸 재밌어 하기도 하고, 처음 산낙지를 먹어보는 사람들에게 먹기를 강요하는 모습도 보이더라. 그런데 산낙지나 문어 같은 두족류나 바닷가재나 게 같은 십각류는 고통을 느끼는 생물이야. 산 채로 끓는 물에 들어갔을 때 꿈틀거리는 건 고통스러운 몸부림이야. 낙지를 요리할 때는 적어도 산 채로 끓는 물에 넣는 방식의 요리법은 피해야 해. 이미 영국, 스위스, 노르웨이 등에선 이런 생물들을 산 채로 요리하는 것을 법으로 금지시켰어. 우리나라에서도 이젠 이런 모습은 사라졌으면 좋겠어.

예전엔 TV 요리 프로그램이 많았는데 이젠 거의 사라졌지. 대신 유튜브 같은 채널에 정말 다양한 요리 영상이 있어서 엄마도 새로운 요리를 할 때마다 검색해서 찾아보고 있어. 그런데 코로나 탓인지 요즘엔 집에서 요리를 하는데도 다들 일회용 장갑을 끼고 요리 영상을 만들더라고. 그게 더 위생적이라고 생각하는 것 같은데, 식당이라면 몰라도 자기가 먹을 요리에 일회용 장갑까지 사용할 필요가 있을까? 그리고 요리할 때 사용하는 물도 페트병에 담긴 생수를 사용하는 경우가 있던데, 조리용 물까지 생수를 사용하면 대체 집에서 얼마나 많은 페트병 쓰레기가 나올까 생각하게 되더라고. 엄마가 누누이 말하지만 특별한 사고가 발생하지 않는 한 우리나라 수돗물은 믿고 마실 수 있는 물이야. 끓여서 조리하는 용도라면 아무 문제가 없어.

재미있게 보면 그만이지, 뭘 그렇게까지 생각하냐고? 그래. 말이 길었네. 하지만 너희가 주로 보는 영상 채널의 다양한 콘텐츠가 환경문제나 기후위기, 쓰레기 문제를 늘 고려한다면 얼마나 큰 영향력을 발휘할까 생각해. 그래서 탄소배출을 줄이는 방법을 알려주는 먹방, 일회용을 쓰지 않는 먹방, 채식하는 먹방, 이런 게 나오면 어떨까? 뭐, 그럼 재미없을 것 같다고?

바나나가 위험해

이젠 너무 흔하게 보는 과일이 바나나니까 가끔 바나나가 수입 과일이라는 걸 잊을 정도야. 우리가 먹는 바나나가 어떤 환경에서 자라는지 생각해 본 적 있어?

우리나라는 주로 필리핀에서 바나나를 수입해. 필리핀의 가장 남쪽 민다나오 섬이 수출용 바나나를 재배하는 지역이야. 필리핀은 스페인, 미국, 일본의 식민지를 거치고 독립 후에도 긴 독재정권의 역사가 있는데 이 기간에 많은 땅들이 돈이 되는 바나나, 사탕수수, 파인애플 등 한 종류의 작물만 대량으로 재배하는 플랜테이션 농업을 하는 곳으로 바뀌었어.

플랜테이션 농업은 넓은 면적에 한 가지 작물만 재배하기 때문에 병충해에 취약해. 그래서 재배과정에서 엄청난 양의 농약을 뿌

플랜테이션 농법으로 대량으로 재배되는 바나나는 병충해에 취약해 공중에서 농약을 대량으로 살포해 키운다. 이 농약은 바나나뿐만 아니라 주변의 모든 마을과 농장을 오염시키고 있다.

려. 1990년대까지만 해도 수입 농산물의 맹독성 농약 문제가 자주 거론되었어. 당시엔 수입 농산물을 배에서 내릴 때 방독면을 쓰고 일해야 한다는 기사가 나왔을 정도야. 그런데 잔류농약 검사가 점점 강화되면서 기준을 통과한 농작물만 판매할 수 있고 수입 유기농 바나나도 판매되니까 이제는 당연히 재배과정에서도 농약 사용이 줄었을 거라고 생각했어. 그런데 엄마의 착각이었어.

필리핀에서 수출용 바나나를 재배하며 일어나는 여러 문제점을 다룬 책『달콤한 바나나의 쓸쓸한 현실』에 따르면 필리핀 민다나오에서 수출용 바나나를 재배할 때 1960년대엔 연간 10~15회 뿌리던 농약을 이제는 70회 이상 뿌린다고 해. 헬기와 소형 비행기를 이용해서 공중에서 살포하고 있어. 농약이 이렇게 뿌려지면 농장 주변의 모든 지역을 농약으로 오염시키겠지. 그래서 필리핀의 환경단체와 주민들은 "우리는 바나나가 아니다!", "우리는 해충이 아니다!"를 외치며 '농약공중살포반대운동'을 펼치고 있대.

몇몇 지역에선 이 운동이 성공해서 농약공중살포가 금지되기도 했어. 2007년 필리핀 다바오 시에선 농약공중살포를 금지하는 조례가 통과되었어. 하지만 델몬트, 돌, 스미후르처럼 이름만 들어도 모두 아는 다국적 기업들이 포함된 단체인 '필리핀 바나나 재배 및 수출협회'가 시를 고소하자 필리핀 대법원은 2016년 이 조례가 위헌이라고 결정했어

소송에서 이 기업들이 내세우는 논리는 '바나나 수입국은 환경기준이 더 엄격한데도 해당 국가의 소비자와 환경단체들이 문제제기를 하지 않는다.'는 거였어. 엄마는 책에서 이 구절을 읽으며 마치 머리를 한 대 맞는 것 같은 충격을 받았어. 아무런 지적을 하지 않는다는 바나나 수입국 중의 한 곳이 바로 우리나라잖아.

우리나라의 식품안전기준에선 수입된 상태에서 잔류농약을 확

인하고 재배 과정에서 농약을 얼마나 사용했는지는 확인하지 않아. 바나나는 수확 후 세척하고 한 달 가까이 운반하는 과정에서 농약이 많이 사라져. 수입 후에 다시 검사를 하면서 기준이 넘어가는 것은 처분하니까 당연히 우리나라의 소비자들은 안전한 바나나를 먹을 수 있지. 그러나 우리가 맛있는 바나나를 먹는 동안 바나나 농장 주변에 살고 있는 사람들과 동식물들은 어떻게 되는 걸까? 우리가 먹는 값싸고 안전하고 깨끗한 바나나를 위해 얼마나 많은 사람들과 자연이 희생되고 있는가를 생각하면 너무 부끄러워.

대형마트에 가면 '내가 더 달콤하다'를 뽐내는 다양한 상표의 바나나를 볼 수 있는데, 사실 당도가 조금씩 다를 뿐 한 종류야. 당연히 달콤할수록 더 값이 비싸지. 바나나의 당도를 높이는 방법은 고산지역에서 재배하는 거야. 고산지역은 낮과 밤의 일교차가 커서 바나나가 익기까지 시간이 더 오래 걸리지만 이 과정에서 전분이 많이 축적되어 단맛을 더해준대. 1990년대부터 당도 높은 바나나 생산을 위해 과일회사들은 민다나오의 고산지대에 농장 부지를 찾기 시작했어. 이곳은 옛날 방식대로 사는 소수 민족들의 삶터이기도 하고 개발이 이뤄지지 않아 생물다양성이 풍부한 야생동식물의 서식지야. 그리고 필리핀에서 가장 높은 산인 아포산 국립공원이 있는 곳이기도 해. 그러나 이런 고산지대의 숲도 바나나 농장으로 점점 바뀌고 있어. 농장 주변의 고산지역들도 고스란히 공중에서 뿌려지는 농약으로 오염되고 멸종위기동식물들의 서식지인 국립공원도 파괴되고 있어.

더 달콤한 바나나를 먹기 위해 누군가의 건강과 야생동식물의 서식지가 무참히 망가지고 있다고 생각하니 엄마는 바나나를 더 멀리하게 되었어.

'숲 속의 버터'로 알려진 '아보카도'는 원래 멕시코 등 남미에서 즐겨먹던 과일인데 이젠 세계적으로 인기 있는 과일이 되었어. 전 세계 아보카도 생산량은 2012년에 약 400만t이었는데 2022년엔 두 배가 넘는 840만t이 되었다고 해. 한국농수산식품유통공사의 통계에 따르면 우리나라에서도 아보카도가 2017년엔 약 6천t 정도 수입되었는데 2021년도엔 약 1억 7천t이 수입돼 4년 만에 3배로 늘었어. 이렇게 어떤 음식이나 재료가 세계적으로 유행하면서 소비가 급증하면 어떤 일이 생길지 생각해 본 적 있니?

전 세계의 아보카도 소비량이 급증하면서 멕시코, 도미니카공화국, 칠레 등 아보카도를 재배하는 남미 국가들에게 아보카도는 돈이 되는 작물인 '그린골드'가 되었어. 그래서 기존의 다른 경작지를 아보카도 농장으로 바꾸거나 아예 숲을 없애고 아보카도 농장을 만들고 있어. 멕시코의 아보카도 생산지는 주로 미초아칸 주인데 재배지 면적이 2010년 이후 10년 동안 약 75% 늘어났어. 지금도 산지에서는 아보카도 나무를 심고 운반하기 위해 계속 숲이 파괴되고 있어.

아보카도는 고온다습한 열대우림이 원산지라서 자라는 데 물이 많이 필요해. 뿌리는 넓게 펼쳐져 많은 물을 빨아들이고 잎이 넓어 수분도 빨리 증발해. 크고 단단한 열매가 익는 동안에도 물이 많이 필요하대. 오렌지는 22L, 토마토 5L에 비해 아보카도는 한 알 당 320L의 물이 필요해.

그래서 아보카도 농장은 관개시설을 만들어 주변의 모든 물을 끌어 쓰고, 농장 주변의 마을은 만성적인 물 부족에 시달리고 주변의 숲은 점점 말라 죽어가는 실정이야.

문제는 여기서 그치지 않아. 아보카도 농장은 어떤 모습일 것 같아? 숲을 베어낸 자리에 아보카도 나무가 끝없이 펼쳐진 걸 상상하는 것만으로도 마음이 복잡한데, 아보카도 농장 주변은 기관총으로 중무장한 사람들이 농장 주위를 포위해 마치 전쟁을 대비하듯 경계를 서고 있는 모습이야. 전 세계적인 아보카도 열풍 때문에 아보카도 수출이 큰 돈을 벌 수 있는 수단이 되자 마약 시장처럼 멕시코의 범죄조직들이 아보카도 시장에 뛰어든 거야. 범죄조직들은 주민들로부터 농장을 강제로 뺏거나 불법으로 삼림을 베어내 농장을 만들고 어린이들을 납치해 강제노동을 시키고 있어. 멕시코 정부도 이 문제를 제대로 해결하지 못하자 농장의 농민들이 직접 총을 들고 경비를 서기 시작한 거야. 멕시코에서 아보카도는 이제 '분쟁작물' conflict crops이 되었어. 지금은 아보카도지만 라임이 유행하면 라임이, 파파야가 유행하면 파파야가 그 자리를 대신하겠지.

멕시코의 환경운동가들은 아보카도를 먹어야 한다면 '어떤' 아보카도인지 반드시 확인하고 먹어야 한다고 말해. 그런데 마트에 진열된 아보카도가 범죄조직이 만든 농장에서 어린이들이 노예처럼 일하며 재배된 건지 아닌지 우리가 알 수 있는 방법은 거의 없어.

멕시코산 아보카도는 가까이는 미국부터 멀리 중국과 우리나라까지 수출되고 있어. 아보카도를 즐겨 먹는 이들은 건강 때문이라고 말하지만 아보카도가 이동하면서 발생하는 탄소까지 생각하면 자기 건강은 챙겼을지 몰라도 그만큼 지구의 건강은 나빠졌을거야.

인류는 원래 초식에 적합한 치아구조와 장의 형태를 가지고 있지만 불을 사용해 음식을 '익혀' 먹는 화식을 하면서 육식이 수월해졌고 적게 먹고도 충분한 열량을 얻을 수 있게 되었어.

그러나 최근 50여 년 전까지만 해도 고기는 특별한 날에만 먹을 수 있는 음식이었어. 엄마가 어릴 때만 해도 불고기나 삼겹살은 생일이나 손님들이 왔을 때만 볼 수 있었어. 돈까스? 햄버거? 아휴, 엄마 어릴 때 그런 음식은 정말 특별한 날 먹던 별미야. 진짜.

그런데 지금 우리는 고기를 먹어도 너무 많이 먹어. 동물권과 윤리적 관점에서 육식을 하지 않는 사람도 있지만, 그렇게까진 못하더라도 이렇게 고기를 많이 먹어도 괜찮은지를 생각해 볼 필요가 있어.

통계청에 따르면 우리나라 국민 1인당 연평균 육류 소비량은

동물 전염병이 발생하면 '살처분'을 선택하는 우리나라에선 2000년부터 2023년까지 13억 6천만 마리의 소, 돼지, 닭, 오리 등의 가축이 살처분되었다. 공장식 축산을 멈추지 않는 한 이런 비극은 되풀이될 수밖에 없다.

1980년 11.3kg에서 2018년에는 53.9kg으로 30년 동안 5배 가까이 늘었어. 닭고기는 7배, 돼지고기는 4.5배, 소고기는 5.5배 늘었대. 이런 소비를 위해 가축 사육도 당연히 늘어났겠지. 이 정도의 양을 감당하기 위해서는 대규모 '공장식 축산'이 불가피해.

동물을 공장에서 키운다는 말이 좀 이상하게 들리지 않아? 공장은 원료나 재료를 이용해 물건을 만들어 내는 곳인데 동물은 물건이 아니잖아. 공장에선 적은 비용을 들여 최대한 많은 물건을 효율적으로 만들기 위해 다양한 시스템을 갖추고 있어. 현대의 축산은 바로 이 공장의 모습과 다를 바가 없어. 공장식 축산에서 동물은 '고기'를 얻는 원재료에 불과하지. 키워서 살을 찌워 도축하는 단계마다 비용과 시간을 가장 덜 들이는 효율적인 방법을 선택해. 그래서 좁은 공간에 많은 동물을 키우면서 살을 찌워야 하니까 움직이지 못하게 하고 먹이도 원래의 습성을 고려하기보다는 살을 찌우는 데 최적화된 옥수수나 콩 같은 곡물사료를 먹여. 이런 환경에선 병에 걸릴 수밖에 없으니까 항생제를 비롯해 온갖 약을 주사해.

공장식 축산은 동물 전염병의 온상이 되기도 해. 전염병이 생길 때마다 병에 걸린 동물은 물론 가까운 지역에 있는 같은 동물도 예방적으로 모두 죽이는 살처분이 이뤄져.

우리나라에선 2000년에 발생한 구제역 때부터 살처분이 이뤄졌어. 농림축산식품부 자료에 따르면 2000년 3월부터 2023년 5월까지 13억 6천만 마리의 소, 돼지, 닭, 오리들의 가축이 살처분되었어. 구제역과 조류독감 같은 동물 전염병을 막는다고 해마다 약 6백 만 마리의 동물들이 죽은 거야. 구제역이 가장 심각했던 2010년 가을부터 2011년 봄까지 소, 돼지, 염소 약 350만 마리가 살처분 되었는데 이때 우리나라 전체 돼지의 34%나 살처분되었다고 해.

'죽여서 처리한다'는 살처분이라는 단어가 이 상황의 잔인함을 그대로 보여주는 것 같아. 가축이라 할지라도 살아 있는 생명으로 봤다면 '처리한다, 처분한다'라는 말을 쉽게 쓰진 못할 거야. 그리고 죽여서라는 말도 현실에선 제대로 이뤄지지 않아. 많은 경우 산 채로 땅에 묻는 방식으로 이뤄지거든. 이 살처분에 동원된 공무원이나 수의사, 군인들, 그리고 이렇게 동물을 잃은 축산업자들조차 오랫동안 이 일로 인한 트라우마에 시달리고 있다고 해. 애초에 공장식 축산으로 동물을 이렇게나 많이 키우지 않았다면 전염병도, 살처분도 일어나지 않았을 거야.

소고기 때문에 벌어지는 일

#아마존산불 #고기없는_날 #비건 #아프리카기근

해외의 축산 상황도 심각해. 세계에서 소를 가장 많이 키우는 나라가 어느 나라일 것 같아? 소고기 소비가 가장 많은 나라는 미국, 중국 순이니까 미국일까? 아니야. 1위는 인도야. 인도엔 3억 750만 마리의 소가 있어. 인도는 암소를 신성시하는 힌두교를 믿는 사람이 인구의 80% 이상이라 대부분의 주에선 소 도살이 금지되어 있고, 주로 우유를 얻기 위해 소를 키워.

2위는 브라질인데 브라질은 2021년 기준 2억 2천 460만 마리의 소를 키우고 대부분 소고기로 해외에 수출돼. 2022년 기준 브라질은 세계 소고기 수출의 24%를 차지하는 최대 소고기 수출 국가야.

브라질이 소고기를 많이 수출하는 게 대체 무슨 문제인 걸까?

남미의 여러 나라에 걸쳐 있는 열대우림 아마존의 60% 이상은 브라질에 있어. 브라질은 소를 키우는 목장과 사료용 곡물인 콩을 재배하는 농지를 만들기 위해 아마존 열대우림을 없애고 있어. 2018년 8월 무렵 발생해 거의 1년 가까이 꺼지지 않았던 아마존 산불은 가축사육을 위해 열대우림에 일부러 불을 지르는 것에서 시작되었어. 그래서 아마존 열대우림 파괴의 원인은 '소고기' 때문이라고 할 수 있어.

그런데 브라질에서 이 문제를 이야기하며 열대우림 파괴를 반대하다간 자칫 목숨을 잃기도 해. 2005년 아마존 열대우림 보호운동가였던 미국인 도로시 스탱 수녀가 목축업자들이 고용한 킬러에게 살해된 사건이 있었어. 국제적인 환경단체인 글로벌위트니스에 따르면 2012년부터 2022년까지 아마존 불법 벌목을 반대하던 환경운동가와 마을주민 380여 명이 살해되는 끔찍한 상황이 벌어졌어. 이게 모두 소고기 때문에 벌어진 일이야.

소고기 수출국가엔 에티오피아, 수단, 차드 같은 아프리카 나라들도 있어. 모두 오랫동안 식량위기를 겪고 있는 나라들인데 당장 사람들이 먹을 식량도 없는데 소를 키워 수출하고 있어. 다국적축산기업이 소유한 땅에서는 소가 먹을 콩과 옥수수가 자라고 있는데 그 옆에선 끼니를 굶어 죽어가는 아이들이 있는 처참한 상황이야. 그래서 소 사육이 아프리카의 기근을 만든다는 말이 있지. 동물사료를

원래는 열대우림이었다는 게 상상이 되지 않는 브라질의 목장. 브라질에선 빽빽했던 숲을 불지른 뒤 소를 키우는 목장이나 사료용 곡물을 재배하는 농지로 사용하고 있다.

재배하고 분뇨를 처리하는 데에도 물이 어마어마하게 필요해. 네덜란드의 환경단체인 물발자국네트워크에 따르면 소고기 1kg을 얻는 데 무려 15t의 물이 필요하다고 해.

축산업은 기후위기에도 직접적인 영향을 끼쳐. 소의 트림이나 가축의 분뇨 등 가축에서 나오는 메탄은 이산화탄소의 양보다 적지만 지구 온난화에는 이산화탄소의 21배나 높은 영향을 미치고 있어. 조너선 새프란 포어가 쓴『우리가 날씨다』에선 축산을 나라로 비유했을 때 미국, 중국 다음으로 온실가스를 많이 배출하는 나라라고 했어. 그런데 메탄은 대기 중에서 평균 10년 정도면 사라지는 물질이라서 2백 년 가까이 머무는 이산화탄소와 달리 우리가 서둘러 배출을 줄이면 빠르게 온실가스 저감 효과를 볼 수 있는 물질이기도 해. 다시 말하면 고기를 덜 먹는 것만으로도 기후위기를 막을 수 있다는 뜻이야. 그래서 지금, 기후위기를 막기 위해 개인이 할 수 있는 가장 효과적인 실천은 '채식'이라는 이야기를 많이 하고 있어.

2020년 식품음료신문이 빅데이터를 분석해 본 결과 우리나라의 채식인구는 150만 명 가까이 되는데 이 숫자는 10년 사이 약 10배가 늘어난 거야. 채식을 하는 이유는 1위가 건강, 2위가 윤리적 이유 3위가 환경보호, 4위 다이어트 순이라고 해. 건강과 윤리, 환경 등 여러 이유로 채식을 선택하는 사람들이 늘어나는 건 정말 반가운 일이야.

네가 초등학생일 때 원인을 알 수 없는 두드러기가 자꾸 났는데 병원에선 당분간 고기를 먹지 말라고 하더라고. 집에선 가려 먹을 수 있지만 급식은 선택할 수 없으니까, 급식 메뉴를 살펴보니 고기 반찬이 없는 날이 하루도 없는 거야. 국으로든 반찬으로든 양념으로든 날마다 고기가 들어가니까 먹을 수 있는 게 밥, 김치, 김 정도밖에 없더라고. 그래서 한동안 도시락을 싸가야만 했지. 이젠 학교 급식에서도 일주일에 하루 정도는 채식 식단을 제공하기 시작했고 편의점이나 패스푸드점, 가공식품회사에서도 채식 메뉴들을 출시하고 있어.

고기뿐만 아니라 유제품, 달걀 같은 동물성 기반 음식을 전혀 먹지 않는 비건 문화는 이제 동물성 성분을 쓰지 않는 비건 화장품, 가죽이나 동물 털을 사용하지 않는 비건의류, 소파에 동물 가죽을 사용하지 않는 비건 자동차로까지 퍼지고 있어.

모두가 완벽한 채식을 하는 건 쉽지 않지. 그러나 고기 때문에 생기는 문제들을 알고 자주 먹고, 많이 먹던 습관을 돌아보면 좋겠어. 그래서 점차 덜 먹기 위해 애쓰고, 고기말고 다른 선택을 해 보는 것부터 시작해 보면 좋을 것 같아.

정의롭고 지속가능한 음식 시스템을 만들기 위해 활동하는 노르웨이의 환경 단체인 EAT$^{eatforum.org}$는 2020년 '더 나은 미래를 위한 식습관 보고서'를 발표하면서 음식 소비로 인한 생태발자국 크기를 각 나라별로 비교했어. 이 중에서 지구위험한계선 이하로 음식을 소비하는 나라는 G20국가 중 인도와 인도네시아 단 두 나라밖에 없었어. 세계인이 모두 우리나라 사람처럼 붉은 고기를 하루에 80g 넘게 먹는다면 지구는 2.3개가 더 필요하고, 미국인처럼 붉은 고기를 115g 먹고 유제품을 600g 이상 먹는다면 지구가 5.5개 더 필요해.

농지 조성과 작물 재배, 가축사육과 같은 농업과 토양이용과정에서 전체 온실가스의 24%가 발생해. 그래서 식량은 기후변화에 직접적인 영향을 미치며 지구위험한계선을 위협하는 요인이 되었어.

115

G20 국가의 음식 소비로 본 생태발자국

| 음식 소비에 의한 지구위험한계선 |

인도	0.84
인도네시아	0.90
중국	1.77
일본	1.86
사우디아라비아	2.08
터키	2.11
대한민국	2.30
남아프리카	2.94
멕시코	3.03
독일	3.36
러시아	3.42
EU 28개국	3.52
영국	3.98
캐나다	4.50
이탈리아	4.64
프랑스	5.02
브라질	5.21
미국	5.55
호주	6.83
아르헨티나	7.42

출처: 더나은미래를위한식습관보고서

엄마의 환경수업

식량생산을 높이기 위해 사용하는 화학비료는 바다로 흘러들어 질소와 인의 부하를 높여 흙과 바다를 산성으로 만들어. 세계 물 사용량의 70%는 농업에 사용되고 있어. 농업생산을 위해서 산림이나 초원, 습지를 경작지로 만드느라 토지 시스템이 변해 생물이 멸종되고 있어. 질소 비료사용과 가축분뇨는 농업용 아산화질소 배출량을 증가시켜 오존층을 파괴하고 있어. 작물을 태우는 과정에서 대기 에어로졸이 발생하고 농업에서 사용하는 살충제나 농약, 가축에게 사용하는 항생제 등은 생태계 전반에 영향을 미쳐. 이런 식으로 식량생산이 2050년까지 지속된다면 지구는 7개가 더 필요할 거야.

이 보고서에선 더 나은 미래를 위한 식습관으로 G20 국가들은 지금보다 육류소비를 1/4 정도로 줄이고 설탕과 달걀 소비는 1/2로 줄여야 한다고 제안하고 있어. 더 늘려도 괜찮은 것은 견과류나 채소, 과일 정도야.

이렇게 식량소비 자체를 줄이라는 권고가 필요한 나라가 있는 반면 절대적인 식량부족으로 굶주림에 시달리는 나라들도 있어. 유엔식량농업기구FAO, Food and Agriculture Organization of the United Nations가 발표한 '세계식량안보 및 영양보고서'를 보면 2022년 세계 곡물생산량은 27억 7천 7백 만t인데, 이 양은 80억 세계 인구가 하루에 1kg 정도의 곡물을 먹을 수 있는 양이야. 전 세계 사람을 모두 먹여 살릴 만큼의 식량이 생산되고 있다는 거지. 하지만 2022년에만 세계 인구의 9.2%가 만성적인 영양결핍인 기아 상태에 있다고 해. 기아상태는 아니지만 원할 때 음식을 얻을 수 없는 식량불안 상태를 겪는 사람들도 전 세계 인구의 약 30%인 24억 명이야.

세계곡물생산량은 2000년 18억 4백 만t에서 2020년에 27억t을 넘어 20년 사이 50% 이상 증가했지만 세계의 기아상태는 크게 나아지지 않았어. 기아문제를 해결하기 위해 활동하는 비영리단체 컨선월드와이드Concern World Wide는 해마다 영양결핍 인구 비율, 발육부진아동 비율, 아동사망율 등을 기준으로 세계기아지수GHI:Global Hunger Index를 발표해. 2023년 GHI지수는 18.3으로 2015년의 19.1에서 더 나아지지 않았지.

2000년대 이후 꾸준히 낮아지던 기아상태인 인구 비율도 2017년 7.5%에서 2022년 9.2%로 다시 늘어났어. 이유가 뭘까? 복합적인 원인이 얽혀 있지만 가장 확실한 건 생산량의 문제는 아니라는 거지.

세계적인 구호단체 옥스팜이 2021년에 발간한 '기근 바이러스 대확산'에 따르면 1분에 11명이 굶주림과 영양실조로 죽어가고 있는데 그 원인은 전쟁과 갈등 때문이라고 했어. 코로나 전염병을 겪고 기후위기로 인한 재난 때문에 식량생산에 문제를 겪고 있는 나라들이 많은데도 스톡홀름국제평화연구소가 발표한 '세계군사비 지출 보고서'를 보면 2022년 전 세계가 지출한 군사비는 전년보다 3.7%

증가한 약 2천 980조 원으로 전 세계 GDP의 2.2%를 차지해.

곡물생산량이 늘어난 건 맞는데 사람이 먹을 곡물이 아닌 소 같은 가축을 먹이거나 석유를 대신할 기름을 얻기 위한 작물생산이 늘어난 것도 이유야. 당장 굶어 죽어가는 사람들을 위한 작물이 아니라 고기를 위한 작물, 연료를 얻는 작물을 재배하는 건 경제성을 떠나 윤리의 문제로 봐야 해. 실제로 바이오에탄올을 생산하는 세계적인 기업이 아프리카에서 농지를 싼값에 사들여 대규모로 옥수수를 재배하고 농지를 잃은 농민들은 굶주리는 일들이 벌어지고 있어.

소고기 1kg을 얻기 위해 옥수수가 7kg이 필요하다고 하는데 이 양은 옥수수가 주식인 어린이의 일주일 치 식량이야. 바이오에탄올 50ℓ를 생산하려면 옥수수 358kg이 필요하고 이 양은 어린이의 일년 치 식량이야. 한 끼의 맛을 위해, 자동차로 한 시간 정도 이동하기 위해 굶어 죽어가는 아이들의 식량을 가로채고 있는 건 아닌지 생각해 봐야 해.

기후가 위험하면
먹을거리도 위험해

#식량부족 #식량위기 #식량자급

2021년 6월 25일 유엔세계식량계획WFP, World Food Programme은 '분쟁 없이 식량위기에 처한 국가 마다가스카르'의 상황을 알리는 기자회견을 열었어. 마다가스카르는 최근 2년 동안 기후위기로 극심한 가뭄을 겪으며 130만 명이 굶주리게 되었어. WFP는 마다가스카르가 전 세계 온실가스 배출에 0.01%밖에 기여하지 않았지만 지나친 대가를 치르고 있다고 했지.

정치와 사회적 갈등으로 분쟁이 있는 지역에 식량문제가 발생하면 더 심각한 상황이 되지만 마다가스카르는 분쟁이 없이도 인구 만 명 당 두 명이 기아상태가 되어서 기후위기로 인한 식량문제를 상징적으로 보여주고 있어.

기후위기로 인한 식량위기가 닥쳤을 때 정치적으로 불안정한 나

세계 3대 쌀 수출국가인 베트남은 2020년 코로나 당시 자국의 쌀 비축량을 확보하는 식량안보를 위해 쌀 수출을 중단하기도 했다. 밀이나 쌀 같은 주식을 수입에 의존하는 나라들은 수출국의 상황에 따라 하루아침에 식량위기에 처할 수도 있다.

라들은 나라 안에서 위기를 해결할 수 없는 경우가 많아. 그래서 고향을 떠나게 돼. 처음 '환경난민'이라는 용어가 등장한 건 아프리카 사하라 지역의 사막화 때문이었어. 1990년대에 사람들의 거주지였던 아프리카 사하라 지역의 가장자리인 사헬 지대마저 점점 사막화되면서 사람들은 조금이라도 더 비옥한 사바나 지역으로 대거 옮겨가게 되었지. 사막이 넓게 분포한 아프리카지만 우기가 있고 마을

이 공동으로 사용하던 우물이 있어서 사람이 살 수 있던 곳이 아예 물을 얻을 수 없는 지역으로 바뀌면서 사람들은 생존을 위해 고향을 떠날 수밖에 없었고 유엔은 이들을 '환경난민'으로 불렀어. 유엔 식량농업기구에서는 사막화로 이미 약 6천만 명에 이르는 환경난민이 발생했다고 해. 환경난민은 종교나 전쟁, 정치적 이유로 나라를 떠난 난민이 아니기 때문에 난민의 지위를 보장받지 못해 여전히 생존의 위험을 겪고 있어. 식량을 구하기 위해 살던 곳을 떠나는 사람들은 이제 아프리카 사하라 사람들뿐만 아니라 기후위기를 겪고 있는 대부분의 나라에서 생겨나고 있어.

2022년 IPCC에서 발표한 6차 보고서에서는 기후재난 중 가장 큰 위협이 되는 것이 물 부족과 식량위기라고 했어. IPCC는 극단적인 기후재난으로 식량생산이 크게 줄어들 거라고 예상했어. 왜냐하면 현재 농작물을 재배하는 대부분의 토지가 점차 농작물 재배에 적합하지 않는 기후조건에 놓이게 될 것이기 때문이야. 폭염으로 가축 사망율도 증가하고, 농작물이나 가축들의 병충해 피해 빈도도 높아질 거라고 해. 이미 중동, 중앙아프리카, 아시아의 많은 지역이 기후변화로 메뚜기 번식에 좋은 환경이 되면서 메뚜기 떼의 공격으로 농경지나 목초지를 잃은 사람들이 600만 명이 넘어. 해양산성화와 해양온난화는 어획량 감소로 이어져 수산물 수급에 어려움을 겪을 거야. 기후위기가 식량위기로 진행되는 것을 피하기 위해선 지금 강력한 조치를 취해야 해.

우리나라도 예외는 아니야. 농림축산식품부 발표에 의하면 우리나라의 식량자급율은 2021년 44.4%야. 이마저도 쌀 자급율 92.8%를 제외하면 10.2%에 불과해. 만약 기후위기로 작물 생산량이 줄어들어 가격이 폭등하고 수입이 막히면 어떤 일이 벌어질까? 다행히 주식인 쌀이 있으니까 당장 굶는 사람들은 없을지 몰라. 그러나 우리나라는 세계에서 일곱 번째로 곡물수입이 많은 나라야. 밀이나 옥수수 같은 곡물의 자급율은 1%에도 미치지 못해. 밀 가격이 오르면 국수, 라면, 빵 등 밀로 만드는 모든 식재료의 가격이 폭등할 거고 쌀 수요도 덩달아 높아지면 결국 쌀도 모자라는 상황이 벌어지겠지. 이런 사태가 벌어지면 식량 수출국에서는 자국의 식량난부터 해결하니 수출을 막는 일도 발생할 거야.

2020년에 자국 내 곡물 비축량을 확대하기 위해 러시아는 밀 수출을, 세계 3위의 쌀 수출국인 베트남은 쌀 수출을 중단하는 일이 있었어. 반대로 비축량을 확보하기 위해 수입을 늘리려는 나라들도 있으니까 곡물 가격은 자꾸만 올랐지. 감염병 위기를 겪으며 어려운 상황에 곡물 가격까지 올라 예맨, 남수단 같은 나라에서는 인구의 절반이 굶는 일까지 벌어졌어.

기후시민의 식생활

#푸드마일리지 #슬로우푸드 #공정무역 #요리

먹는 거 하나에 기후위기부터 전쟁까지 너무 많은 이야기들이 얽혀 있지? 그러면 이제 뭘 먹어야 할까? 하는 고민도 생기지. 먹는 것에 관한 이야기를 할 때 먼저 이야기해야 할 게 있는데 그걸 미리 말하지 않은 것 같아. 가장 중요한 건 주어진 음식을 고마운 마음으로 잘 먹는 거야. 이 음식이 얼마나 많은 사람의 수고와 자연의 혜택으로 나에게 왔는지를 생각하면서 말이야. 남기지 않는 것도 중요해. 음식물 쓰레기가 얼마나 많은 환경오염을 일으키고 처리하는 데 비용도 많이 드는지 말 안 해도 알지? 특히 학교에서 급식을 먹을 때도 남기지 않기 위해 안 먹거나 못 먹는 음식이 있다면 담지 않거나 조금만 담아야겠지.

가공식품, 인스턴트 식품, 합성첨가물이 많이 들어간 간식은 아주 가끔만 그리고 조금만 먹도록하 하자. 입맛에 맞는 음식도 좋지만 건강한 재료로 만든 신선한 음식, 안전하고 환경에도 이로운 음식, 먹을거리를 키운 사람에게도 이로운 음식을 먹도록 하자. 그게 뭐냐고?

일단 가까운 곳에서 난 것을 먹어. 예전엔 어느 지역에서 자랐느냐에 따라 어릴 때 주로 먹었던 게 달랐어. 엄마는 강원도 바닷가에서 자라서 어릴 때부터 회를 먹었는데, 바다가 없는 내륙에서 자란 친구들은 성인이 되어서야 회를 먹어봤다고 하더라고. 외갓집에선 콩잎으로 반찬을 해 먹는데 다른 지역에선 처음 보는 낯선 반찬이기도 하고. 고수 같은 채소도 엄마는 어른이 되어서야 먹어봤는데 전라북도가 고향인 친구들은 어릴 때부터 많이 먹었다고 하더라고. 그런데 이제는 세계 어느 나라의 먹을거리라도 모두 마트에서 살 수 있는 세상이 되어서, 특색 있는 지역음식의 의미가 사라지고 있어.

'푸드마일리지'라는 개념이 있는데 음식이 나에게 오기까지의 이동거리를 계산해 음식이 기후변화나 환경오염에 미치는 영향을 나타내는 개념이야. 같은 포도여도 우리 집에서 가까운 경기도 안성에서 재배된 포도의 푸드마일리지는 0.078t·km인데 칠레에서 온 포도의 푸드마일리지는 18.34t·km로 235배나 차이가 나. 국내에서도 가까운 지역의 먹을거리의 푸드마일리지가 낮겠지. 농협에 로

125

농부들이 자연의 이치대로 키운 농작물, 요리사들이 만든 건강한 먹을거리, 자연에서 얻는 재료들로 만든 수공예품 등을 만나는 '농부시장 마르쉐'. 우리가 먹고 마시고 사용한 것들이 어디서 어떻게 만들어지는 알 수 있는 시장으로 홈페이지에서 시장이 열리는 때와 장소를 알 수 있다. marcheat.net

컬푸드 코너가 있는 거 봤지? 바로 그 코너가 해당 지역에서 나는 먹을거리를 판매하는 곳이야.

두부를 고를 때 엄마가 어떤 걸 고르는지 알지? 국산콩 두부? 맞아. 왜냐하면 국산콩이 미국산콩보다 당연히 푸드마일리지도 적고, 또 이렇게 국산콩을 찾은 소비자들이 계속 있어야 우리나라에서 계속 콩을 키울 수 있거든. 소비자가 찾지 않으면 농부들이 더 이상 키우지 않을 거고, 그러면 콩 자급율은 형편없이 낮아지겠지.

엄마의 환경수업

우리 집에선 늘 복숭아, 사과, 딸기, 귤을 주문하는 농가가 있어. 달걀도 늘 같은 곳에서 사고 여름이면 그해 수확한 햇밀을 사 먹는 곳도 있고 돼지고기도 사 먹는 곳이 따로 있지. 다 엄마, 아빠가 아는 분들이 직접 키운 거야. 왜 마트에서도 살 수 있는 걸 이렇게 사는 걸까? 아는 사람에게 사니까 믿을 수 있어. 그리고 별도의 유통단계를 거치지 않으니 엄마는 좋은 걸 더 싸게 살 수 있고 파는 분에게도 더 이익이 돌아가겠지. 이런 걸 직거래라고 해. 먹을거리를 선택하는 또 하나의 좋은 방법은 직거래를 이용하는 거야. 엄마, 아빠 주위에 농사를 짓는 분들이 여럿 있고, 동물복지를 고려해 자연적인 방식으로 돼지와 닭을 키우는 분도 있어서 얼마나 고마운지 몰라. 사줘서 고맙다는 인사를 듣는데, 사실은 반대로 정성껏 키워 팔아주셔서 백배 더 고맙다고 해야겠지.

그런데 우리나라에서 아예 나지 않는 것들이 있긴 해. 설탕 같은 거 말야. 우리나라에선 사탕수수가 나지 않으니까 설탕은 전부 수입해 와. 너희가 좋아하는 초콜릿이나 엄마가 좋아하는 커피, 올리브 오일도. 이런 건 수입품을 살 수밖에 없잖아. 이럴 때 제대로 값을 치르고 사야 해. 생산과정이 안전하고 공정한지, 자연에 덜 해로운 방식으로 만들어졌는지를 모두 살펴야해. 이런 제품을 찾아 수입하는 것을 '공정무역', '민중무역', '대안무역'이라고 해. 우리 집에서 먹는 설탕은 생협에서 구입한 거야. 필리핀 네그로스 지역에서 유기농으

127

로 재배된 사탕수수로 만든거야. 생협에선 직접 산지를 방문해서 사탕수수 재배와 설탕 만드는 과정을 확인하고 이 무역의 수익으로 마을이 자립하는 모습을 보기도 해.

고기, 달걀, 우유 같은 동물성 식품을 안 먹는 채식에 대해서도 진지하게 고민해 보자. 채식주의자가 되는 것도 선택 중 하나이지만, 그렇지 않더라도 육식을 덜하고, 만약에 먹는다면 동물복지축산으로 길러진 것을 선택하도록 해. 길러지는 동안에라도 쾌적하고 건강하게 길러진 동물이 결국 우리에게도 좋겠지, 그런데 이런 건 당연히 비싸겠지? 그러니 저절로 가끔씩, 조금만 먹게 되겠지.

음식이나 재료를 살 땐 꼭 담을 용기를 들고 가고, 대형마트보다는 생협이나 가까운 시장, 직거래 장터, 농부시장 같은 곳으로 가면 좋아. 생협에는 안전하고 건강한 재료들이 있고 시장에선 제철엔 난 것, 가까운 지역에서 난 재료들이나 개별 포장되지 않은 것들을 살 수 있거든. 살 때 제품에 있는 친환경농산물, 공정무역, 전성분 등 다양한 마크나 표시들도 잘 확인해 봐. 음식을 사 먹어야 할 땐 배달보다는 직접 용기를 들고 가서 담아오면 어떨까. 배달 과정의 탄소배출도 줄이고 쓰레기 배출도 줄이기 위해서 말이야

마지막으로, 요리를 하자!

엄마가 집에 없을 때 혼자 밥을 챙겨 먹어 본 적 있지? 그럴 때 어땠어? 내가 좀 큰 것 같은 기분이 들지 않았어? 요리를 해서 자신

의 끼니를 챙긴다는 건 스스로 살아가는 자립의 기본이야. 24시간 배달 음식이 가능하고 편의점에도 온갖 먹을거리가 있는 세상이지만 스스로 요리를 해 봐야, 먹는 것이 얼마나 중요하고 스스로를 돌보는 큰 힘인지 알 수 있어. 재료를 선택하고 도구를 이용해 순서대로 만들어가는 과정은 어떤 예술작품 못지않게 창조적인 일이기도 해. 간단한 달걀부침이나 김치볶음밥 같은 것부터 하나하나씩 만들다보면 어떤 음식이 건강한지, 내 몸에도 이롭고 환경에도 이로운지 자연스럽게 알게 될거야.

기후시민의 식생활 10계명

1. 가까운 지역에서 나는 것부터 먹자.

멀리에서 온 먹을거리일수록 이동하는 동안 탄소배출이 늘어나고 오래 보관하기 위해 첨가물이 들어간다. 가까운 지역의 로컬푸드를 먼저 고른다.

2. 생산자와 직거래한 농산물을 먹자.

여러 유통 단계를 거치며 발생하는 비용을 지불하지 않아 생산자와 소비자 모두에게 경제적이다. 먹을거리를 만들기 위해 수고해 주신 분을 알기 때문에 신뢰와 고마움을 가질 수 있다.

3. 수입 식품은 되도록 적게 먹자.

수출국에선 돈이 되는 작물을 재배하느라 다양한 토착 농산물은 더 이상 재배하지 않게 된다. 배와 비행기로 식품이 우리에게 오기까지 많은 탄소를 배출한다.

4. 공정무역 제품을 고르자.

어쩔수 없이 수입 식품을 먹어야 한다면 생산자들에게 정당한 대가를 지불하고 자연을 해치지 않고 키운 것인지 확인한다. 공정무역 제품은 값이 조금 더 비싸지만 이런 확인을 거친 제품들이다.

5. 덜 포장된 먹을거리를 고르자.

음식을 먹을 때마다 쓰레기를 하나씩 만드는 것 같을 때가 있다. 가능하면 포장되지 않았거나 덜 포장된 걸 골라 쓰레기를 줄인다.

6. 배달보다는 용기를 갖고 담아오자.

배달 문화가 보편화되면서 일회용 용기 쓰레기가 늘어나고 있다. 배달보다는 직접 용기를 갖고 가서 담아오거나 배달을 해야 할 때엔 다회용 용기를 선택한다.

7. 남기지 말고 깨끗하게 먹자.

버려진 음식물 쓰레기는 사료나 퇴비로 재활용되지만 모두 에너지와 비용이 든다. 특히 사료는 이물질 등 위생 문제로 국내에서는 거의 팔리지 않는 실정이다.

8. 육식보다는 채식 위주로 먹자.

기후위기 대응에 개인이 할 수 있는 가장 효과적인 방법이다. 고기보다 채식 위주로 먹는 게 우리의 건강도, 동물도, 지구도 지키는 일이다.

9. 직접 만들어 먹자.

간단한 것부터 요리해 보자. 어떤 과정을 거쳐 음식이 나에게 오는지 생각하게 된다. 음식에 대한 고마움과 감사의 마음을 가지게 된다.

10. 과식하지 말자.

지나치게 많이 먹고 있는 사이 지구촌 누군가는 굶주림에 시달리고 있다는 걸 잊지 말자.

4장

지구에도 이로운
패션피플 되기

물려받은 옷이 더 힙해

#중고의류 #의류쓰레기 #옷을 위한 지구는 없다

이 코트 한번 입어 볼래? 어머, 너한테 딱 맞는데? 맘에 든다고? 이 옷 외할머니가 입던 건데 안 입으시길래 엄마가 물려받았어. 엄마는 살이 쪄서 못 입어. 한 20년은 된 옷인데도 너무 멀쩡해서 계속 보관만 하고 있었어. 살 빼서 입어야지 하고. 야, 그런데 이제 그냥 네가 입어도 되겠다. 삼대가 물려 입는 코트, 너무 멋지지 않아?

맞다. 이것도 입어 봐. 지난번에 봄봄 이모가 준 건데 은서 언니한텐 이제 작대. 받아놓고 까먹고 있었네. 이건 선희 이모가 준 거야. 이모가 옷장 정리하다가 찾았는데 결혼하기 전에 입었던 점퍼래. 이제 다시 못 입을 것 같다고 보내줬어. 우와, 괜찮은데? 올 봄엔 점퍼를 하나 사야 했는데, 안 사도 되겠다. 그치?

엄마는 네가 이렇게 언니나 이모들이 물려준 옷을 잘 입어줘서

135

할머니가 입던 코트를 딸이 입었다. 삼대 째 물려 입는 코트. 옷을 만들고 입고 폐기하는 과정에서 생기는 환경문제를 떠올린다면 물려 입는 옷이 가장 좋다.

너무 고마워. 그림 책 『엄마, 난 이 옷이 좋아요』 기억 나? 옷을 물려 입는 이야기가 담긴 그 책을 너가 참 좋아해서 엄마는 너도 옷 물려 입는 걸 기쁘게 받아들일 줄 알았어.

아기 땐 사촌 오빠의 옷도 다 물려 입었어. 배냇저고리부터 내복, 겉옷, 신발까지 물려받아서 옷만 보고 '남자 아기네' 하는 소리도 많이 들었어. 잘 물려받기도 했지만 또 네가 입은 옷들은 동생 다휘가 입고, 다휘가 입고 나면 또 다른 동생에게 물려주면서 옷이 계속 돌고 있어. 은서 언니에게 물려받았던 빨간색 정장 코트는 은서 언니도 다른 언니에게 물려받은 건데 입학식 같은 특별한 날에 입었는데.

엄마의 환경수업

너도 입학식 날 입고 몇 년 있다가 다휘가 입고, 다시 다른 동생에게 갔으니까 아마 그 옷은 10년이 넘게 여러 명의 초등학교 입학식 사진에 등장하겠지.

그래도 넌 우리 집에서 첫째라서 새로 사 입는 옷도 가끔 있는데, 동생 다휘는 더 많이 물려 입으니까 다휘가 좀 속상해하기도 했었어. 그런데 얼마 전에 엄마랑 같이 다큐를 한 편 보더니 깜짝 놀라며 "엄마, 엄마도 다 알던 거야? 그런데 왜 얘길 안 해줬어?" 하며, "옷 물려 입는 게 좋은 일이구나" 라고 하더라고. 옷이 얼마나, 어떻게 환경오염을 일으키는지를 보여주는 '옷을 위한 지구는 없다'라는 다큐였는데, 사실 엄마도 알고는 있었지만 생생한 영상으로 보니 다휘만큼 놀라긴 했어.

다큐엔 옷이 산처럼 쌓여 있는 아프리카 가나의 마을, 마을을 가로지르는 강에 옷이 둥둥 떠서 흘러가고 있는 인도네시아의 한 마을, 바다에 놓은 그물을 건져 올리면 물고기가 아니라 옷 무더기가 올라오는 필리핀의 마을이 나왔어. 여러나라에서 만들어진 옷들이 중고물품으로 그 나라에 들어가 결국 쓰레기가 되어 오염을 일으키는 모습이 충격적으로 나와. 산이 된 옷 더미에서 소들이 풀 대신 옷을 뜯어먹고 있었어.

재활용되거나 물자가 부족한 다른 나라에 가서 요긴하게 쓰일 거라고 생각하며 헌 옷 수거함에 내 놨던 옷들 대부분이 다른 나라에서 결국 쓰레기 산이 되어 있는 모습은 정말 충격이었어. 차라리 종량제 봉투에 담아 쓰레기로 내 놓았다면 국내에서 매립되든 소각되든 정상적으로 처리되기라도 했을 텐데 말이야.

다큐를 보고나니 다휘도 왜 우리 집에선 옷을 물려받고 물려주는지, 계절마다 새 옷을 사 입지 않는지 저절로 알게 된 거 같더라. 다큐에서 계속 이 모든 게 '패스트패션' 때문이라고 하니 네가 말했지. '그럼 우리 집은 반대로 슬로우패션을 하고 있는 거네.'라고 말이야.

엄마의 환경수업

'패스트푸드'만큼 익숙하진 않지만 '패스트패션'도 많이 알려진 말이지. '패스트패션'은 의류업체들이 최신 유행을 반영해 값이 싼 옷을 대량 생산해서 유행이 지나면 바로 폐기하는 방식의 의류 산업을 말해. 가장 대표적인 패스트패션 브랜드 한 곳은 매주 신상을 내놓는다고 해. 어느덧 사람들은 질 좋고 값싼 옷을 새로 살 수 있다고 좋아하며 철마다 가장 유행하는 옷을 싸게 구입해서 입고 얼마지나지 않아 버리는 소비방식에 익숙해지고 있어.

패션산업이 환경에 끼치는 악영향을 알리고 의류폐기물을 줄이기 위해 활동하는 단체인 '다시입다 연구소'wearagain.org에 따르면 패스트패션이 의류산업의 대표적인 생산과 판매 방식이 된 지난 20년 동안 의류 생산량이 4배나 늘었다고 해. 이제 사람들은 옷을 60% 더

패션산업의 생산, 소비, 폐기 과정에서 발생하는 환경문제를 되짚고, 특히 의류재고폐기를 금지하기 위한 법안을 만들기 위해 다시입다연구소가 국회에 설치한 조형물.

사지만 옷을 보관하는 기간은 절반 정도로 줄어서 한 가지 옷을 평균 7~8번밖에 입지 않는데.

가끔 제값을 주는 사람들도 있을까 싶을 정도로 옷 가게들은 세일도 자주 하지. 정가대로 파는 경우는 처음 한 달도 채 안 되고 한 계절만 지나도 10~30% 세일을 하다가 1년 정도 지나면 90%까지도 세일하더라고. 이상하지? 이렇게 많이 만들어 안 팔리면 결국 정

엄마의 환경수업

가에 한참 못 미치는 가격으로 처분할 거면서 왜 넘치게 만들까?

인건비가 싸고 환경규제가 느슨한 나라에서 저렴한 값으로 무조건 많이 생산해 전 세계에 내다 팔고, 안 팔린 옷들은 바로 쓰레기로 만들어버리는 패스트패션의 원리는 우리로선 이해할 수 없는 방식이야.

적게 생산하는 비싼 옷이라고 해서 문제가 없는 건 아냐. 세일을 하지 않는다는 명품 브랜드는 재고를 아예 태워 없애. 2017년에 영국에선 버버리가 2천 800억 원어치의 의류 등 패션아이템을 소각한 것이 알려져 영국 시민들로부터 항의를 받았어. 그 후 소각하던 관행을 없애겠다고 발표했지. 기후와 환경 전문 저널인 얼스^{Earth.org}의 기사에 따르면 현재 의류산업은 해마다 9천 200만t의 쓰레기를 만들고 있어. 해마다 천억 개의 옷이 만들어지고 그중 1/3이 버려지고 있는 거야.

패션은 인권문제로도 연결돼. 1970년 11월 13일 봉제공장이 몰려 있던 청계천 평화시장 앞에서 '근로기준법을 준수하라'며 몸에 불을 붙여 분신한 전태일이라는 분이 있었어. 전태일은 청계천의 의류공장에서 일하는 재단사였어. 10대의 어린 여공들이 허리를 펴지도 못하고 하루 16시간 이상씩 먼지가 날리는 공장에서 일하며 밥도 굶고 화장실도 못가는 열악한 상황을 개선하려 애썼어. '근로기준법'이라도 지켜달라며 대통령에게 탄원서도 보내고 근로감독관에게도 신고하며 상황을 개선하려 애썼지만 아무 성과를 얻지 못하자 결국 스스로 몸을 던져 열악한 노동자들의 상황을 세상에 알렸어. 이렇게 전태일의 죽음은 우리나라 노동운동의 시작이 되었어.

1970년대 전태일이 바꾸려 했던 청계천 봉제공장의 모습은 지금의 방글라데시, 인도네시아, 베트남 등의 모습과 크게 다르지 않아. 2013년 4월 방글라데시의 의류공장이 밀집한 건물 라나플라자가 붕괴되면서 천 명이 넘게 사망한 사고가 있었어. 건물주는 원래 4층이었던 건물에 의류공장이 들어차면서 불법으로 8층까지 개축했어. 건물은 전날부터 붕괴 조짐이 보여 사람들이 모두 대피했는데 의류공장 사람들은 출근하지 않으면 월급을 주지 않겠다는 사장의 협박에 못 이겨 출근했다가 사고를 당했어. 이 사고로 공장 노동자들이 저임금에 시달리며 열악한 환경에서 일을 해왔던 사실이 비로소 알려졌지.

사고가 난 건물에 입주해 있던 공장들은 대부분 세계적인 의류 브랜드들의 하청 공장이었어. 이 일을 계기로 '패션혁명'fashion revolution.org이라는 운동이 시작되었어. 패션혁명은 패션업계의 노동자들이 정당한 임금과 안전한 근무조건에서 일하고 패션산업의 환경오염을 줄이도록 시민들과 함께 다양한 캠페인을 하고 있어. 그리고 세계적인 패션 브랜드 250여 곳의 인권, 환경 등을 감시하며 해마다 투명성보고서를 발행하고 있어. 라나플라자 사고가 일어난 4월

22일 주간을 '패션혁명주간'으로 정하고 세계 최대 규모의 패션 캠페인을 하고 있어.

2023년 패션혁명주간에는 '우리는 패션을 좋아합니다. 하지만 우리는 옷이 사람들을 착취하거나 지구를 파괴하는 것을 원하지 않습니다.'로 시작하는 선언문을 발표했어

최근엔 의류회사들의 책임을 강조하며 회사 앞에서 패스트패션 반대 퍼포먼스를 하거나 패션쇼의 런웨이에서 의류산업의 환경오염을 폭로하는 플래카드를 펼치는 환경운동가들도 있어. 의류업체들이 하루빨리 의류산업의 환경문제에 대해 자각하고 스스로 개선하기 위해서는 기후위기와 인권의식을 가진 소비자들의 압력이 필요할 거 같아.

슬로우 패피가 되는 법

#슬로우패션 #바느질 #리폼 #수선 #벼룩시장 #패션발자국 #재인쏜다

물론 기업이 바뀌어야지. 그런데 기업이 가장 의식하는 대상이 누구일까? 소비자의 생각, 관심, 요구를 가장 중요하게 생각할거야. 소비자들이 패스트패션을 벗어나 다른 방식으로 소비하기를 원한다면 그만큼 기업이 바뀌어야 하는 확실한 이유는 없을 거야. 그래서 엄마는 너희들에게 슬로우패션을 소개하고 싶어.

슬로우패션의 기본은 이미 갖고 있는 옷을 오랫동안 잘 입는 거야. 유행에 휘둘리지 않고, 싸다고 무조건 사지 않고, 깨끗하게 입고, 고쳐 입고, 바꿔 입고, 물려 입고 물려주는 거지.

하루가 멀다 하고 몸이 커가는 청소년 시기의 너희들은 한 가지 옷을 입는 기간이 길지 않으니까, 새 옷이 필요할 땐 아름다운 가게나 벼룩시장 같은 중고가게를 이용하고 또 친구들끼리 싫증난 옷이나 사이즈가 안 맞는 옷을 바꿔 입거나 선배들에게 물려 입는 것 같은 방법이야. 예전에는 중고의류를 그냥 값이 싼 의류라고 생각했는데 요즘은 중고 의류를 사는 게 환경을 지키는 가치소비로 생각되고 있어. 미국에선 중고의류 시장이 최근 7년간 두 배나 성장했어. 우리나라에도 최근 백화점에 중고의류 브랜드가 들어왔어. 어떤 중고등학교에서는 교복 물려주기 같은 행사를 하던데 정말 박수칠만 한 슬로우패션이지.

바느질도 중요한 슬로우패션이야. 바느질은 인류가 빙하기를 거치며 살아남을 수 있게 해준 생존 기술이야. 가죽을 그냥 몸에 걸치는 식으로 빙하기를 맞았던 네안데르탈인과는 다르게 바느질을 할 줄 알았던 호모사피엔스는 바느질로 가죽을 옷으로 만들어 입어 빙하기에도 살아남을 수 있었어. 농담이 아니라니까. 요즘엔 학교에서도 바느질을 가르치고 간단한 리폼도 해 보는 것 같아서 정말 반가워.

옷을 고쳐 입는 게 요즘은 흔치 않지만 엄마가 어릴 때만 해도 양말을 꿰매 신고, 팔꿈치나 엉덩이, 무릎 같이 금방 해지기 쉬운 부분에 천을 덧대어 고쳐 입는 건 정말 자연스러운 일이었어. 엄마는 초등학생 때 학교에서 처음 양말 꿰매는 법을 배웠는데, 그때 배운 그 바느질을 지금까지 잘 써 먹고 있어. 너희에게도 꼭 가르쳐 주고 싶은 기술이야.

입던 옷을 고쳐서 새로운 스타일로 만들어 보는 리폼도 슬로우패션이야. 그리고 의류나 신발 회사들 중 수선해 주는 서비스를 하고 있는 곳도 있어. 아빠가 신는 구두는 여러 번 수선 서비스를 받은 건데, 수선한 구두를 택배로 받았을 때 엄마는 '어, 아빠 새 신발 샀네!'라고 했었어. 그 정도로 감쪽같이 새 신발이 되어 왔더라고.

슬로우패션을 지향하는 사람들 중에는 아예 '새 옷을 사지 않는' 사람들도 있어. 호주의 지속가능한미래연구소[uts.edu.au]는 지속가능한 패션은 새 옷 구입을 1/3로 줄이는 거라고 말했어. 한 해 열 벌을 산다면 2~3벌로 줄이는 거지.

제인 폰다라는 할리우드의 전설적인 배우가 있어. 80세가 넘었으니 너희들이 잘 모를 수도 있겠다. 이 분은 기후활동가로도 유명한데, 거리에서 기후위기 시위를 하다가 몇 차례 체포되기도 했어. 제인 폰다는 할리우드의 각종 시상식에서 언제나 같은 드레스를 입어. 왜 그런지 알겠지? 모두가 화려한 옷을 입고 나타나는 시상식에서 해마다 같은 드레스를 입으며 패션산업의 환경문제를 보여주고 있는거야.

'나는 몇 벌의 옷만 갖겠다.'라는 결심을 알리고 '이번 계절엔 몇 벌의 옷으로 돌려 입겠다.'며 날마다 자신의 옷차림을 SNS에 올리는 이들도 있어. 엄만 새 옷을 샀다고 SNS에 자랑하는 사람들보다 이런 사람들이 훨씬 더 멋있어 보이더라. 너는 어때?

대표적인 미국의 중고의류 사이트인 쓰레드업[thredup.com]에선 옷

엄마의 환경수업

을 사는 빈도, 어떻게 빨고 말리고 폐기하는지 등을 기준으로 개인의 탄소배출량을 측정해 볼 수 있어. 이것을 '패션발자국'이라고 하는데, 엄마는 일 년에 비행기로 로스앤젤레스에서 샌프란시스코를 한 번 가는 것만큼 탄소를 배출하더라.

쓰레드업에선 옷걸이 모양의 로고를 만들어 '중고의류를 입고 옷을 절약하는 것을 자랑스럽게 과시하자.'라는 의미로 보급하고 있기도 해. 우리나라엔 대표적인 중고가게 '아름다운가게'가 있어. 아름다운가게는 시민들로부터 기증받은 물품을 되팔아 그 수익으로 어려운 이웃을 돕고 사회변화를 위해 써. 아름다운가게에서 가장 많이 판매되는 품목이 바로 의류야. 너희가 해마다 쑥쑥 자라던 어린 시절엔 엄마의 단골 옷가게가 바로 아름다운가게 였어.

다시입다연구소에선 21%파티를 해. 21%는 사람들이 사 놓고 입지 않는 옷의 비율이야. 이 파티에서는 옷마다 사연을 적은 꼬리표를 달고 새로운 주인을 만나게 해 주지. 이런 파티에 참여해 안 입는 내 옷의 주인도 찾아주고 나도 옷을 구하고, 옷의 의미에 대해서도 생각해 보는 게 재미있지 않을까?

새 옷을 자랑하는 게 아니라 이 옷이 얼마나 오래된 건지, 누구로부터 물려받아 나에게 왔는지 옷의 스토리를 자랑하는 문화, 생각만 해도 힙하지 않아?

옷을 만드는 대표적인 섬유인 면직물은 목화솜으로 만들어. 면은 부드럽고 흡수력도 좋고 미세플라스틱을 배출하지도 않는 천연섬유야. 그런데 목화에도 우리가 알아야 할 이야기들이 있어.

목화를 재배하는 데에는 농약이 많이 사용돼. 세계자연보호기금 WWF의 보고서에 따르면 전 세계에서 한 해 동안 사용된 농약과 살충제의 35% 가량이 목화 재배지에서 뿌려지고 있어. 농약과 살충제를 뿌리는 농민들의 피해도 그만큼 심각하지.

목화의 또 다른 문제는 대표적인 유전자조작농산물이라는 거야. 세계 1위의 목화 생산국인 인도에선 이미 종자의 95% 가량이 유전자조작 된 'BT면화'로 대체되었어. BT면화는 목화다래벌레 같은 해충에 강하도록 유전자가 조작되었지만 해충들은 금방 내성이 생겨

목화를 재배하는 데만 세계 살충제의 35%가 쓰이고 목화 종자는 대표적인 유전자조작 농작물이다. 목화재배과정이나 면직물로 옷을 만드는 과정에서 너무 많은 물이 쓰인다.

살충제를 더 많이 사용하고 있는 실정이야.

목화재배에는 물도 많이 필요해. 세계자원연구소WRI, World Resource Institute는 중앙아시아의 목화재배로 아랄 해가 거의 사라졌다고 했어.

2019년 캘리포니아 대학이 발간하는 환경사례연구에 따르면 청바지 한 벌을 만들기 위해 목화 재배부터 직조와 염색 등의 전 과정에서 약 4.7t의 물을 사용해. 2021년 기준 우리나라 사람 1인당 하루 물 사용량이 평균 200L니까 한 사람이 23일 정도 사용하는 물로 청바지 한 벌을 만드는 거야.

우리나라에선 심하게 가뭄이 들었을 때를 제외하곤 물이 부족하다고 느낀 적이 거의 없을 거야. 다른 나라에서 만들어 온 청바지한 벌에 사용된 물처럼 눈에 보이지 않은 형태로 사용되는 물을 '가상수'라고 하는데. 만약 가상수를 모두 국내에서 조달한다면 지금보다 몇 배나 많은 물이 필요해서 당장 우리나라도 물 부족 국가가될 거야.

실제로 전 세계의 옷을 만드는 공장들이 몰려 있는 나라에선 의류산업 때문에 정작 사람들이 마시고 농사를 지을 물이 부족해. 옷을 만드는 데 물이 많이 필요한 이유 중의 하나가 염색 때문인데 염색은 대표적인 수질오염의 원인이기도 해. 세계자원연구소는 의류산업이 수질오염의 약 20%를 발생시키고 직물 염색에만 해마다 올림픽 수영장 규모 200만 개를 채울 만큼인 50억t의 물이 사용된다고 했어.

우리나라에도 방직 공장들이 많았던 1980년대 무렵까지 공장주변의 강은 대부분 염색약으로 오염되어 있었어. 염색 과정엔 유황, 비소, 포름알데하이드 등 8천 가지 이상의 화학물질을 사용하고 있어. 2000년대 이후 이 공장들은 환경규제가 느슨한 인도네시아, 베트남, 방글라데시 등으로 옮겨 갔지. 우리가 입는 옷의 예쁜 색들은 다른 나라의 강물을 오염시키면서 만들어진 거야.

지구를 위한 옷 고르기

#합성섬유 #미세플라스틱 #히그인덱스

요즘은 면 티셔츠 정도를 제외하곤 대부분의 옷들이 합성섬유, 즉 플라스틱으로 만들어져. 네가 입는 교복도, 겨울에 즐겨 입는 뽀글뽀글 털이 달린 후리스도, 방수기능이 있는 가벼운 점퍼도 모두 플라스틱으로 만든 옷이야. 의류의 60%가 플라스틱으로 만든 거라고 해. 플라스틱으로 만든 옷들은 계속 플라스틱 조각, 미세플라스틱을 만들어 내. 특히 빨래를 할 때 더 심각한데 영국 플리머스 대학의 연구에 의하면 합성섬유는 세탁할 때마다 70만 개의 미세플라스틱을 배출한대.

KBS 환경스페셜 '옷을 위한 지구는 없다'에서 한강 물의 미세플라스틱 함유량을 측정한 결과 물 20L당 상류에서 26개, 중류에서 40개, 하류에서 57개가 검출되었어. 성분은 모두 합성섬유에서 나온 거였지. 우리나라 전체 가구가 빨래를 하면서 날마다 약 4조 개의 미세플라스틱을 강으로 배출하고 있는 거야. 해양보호단체인 오션와이즈 ocean.org가 북극바다의 미세플라스틱을 조사했는데 청정지역이어야할 북극바다에서도 1L당 미세플라스틱이 약 40개씩 검출되었고, 거의 대부분이 합성섬유 성분이었어. 북미 지역 가정의 세탁과정에서 발생한 미세플라스틱이 해류를 타고 북극 바다로 흘러든 거지.

바다의 물고기가 미세플라스틱을 먹고 사람이 물고기를 먹게 되니 결국 우리 몸으로 들어오게 돼. 뿐만 아니라 섬유의 미세플라스틱은 먼지처럼 공기 중으로도 퍼져서 호흡기를 통해 사람에게 들어오고 있어.

면도 문제고 합성섬유도 문제라니까, 그럼 옷을 살 때 어떤 걸 골라야 하나 고민스럽지? 사실 모든 옷에 저마다의 문제가 있으니, 딱집어서 뭘 선택하라고 하긴 어려워. 미세플라스틱과 폐기 과정 때문에 합성섬유로 만든 옷이 문제가 되지만 천연섬유로 만든 옷이라고 괜찮은 건 아니야. 목화로 만든 면도, 마로 만든 리넨이나 대나무를 재료로 한 레이온 등도 재배와 실을 추출하는 과정에서 오염물질을 배출한다는 문제가 있지. 동물의 가죽이나 털로 만든 옷은 환경은 물론이고 윤리적으로도 문제가 있어.

의류나 신발산업의 지속가능성을 평가하는 '지속가능한 의류연합'apparelcoalition.org에서는 의류에 사용되는 직물 제조과정에서 지구 온난화가능성, 수질오염, 물 부족, 화석연료사용, 화학물질. 이렇게 5가지 항목을 평가해 직물의 환경부담지수를 정한 히그인덱스Higg Index를 만들었어. 히그인덱스 지수가 높은 직물은 알파카, 소가죽, 면, 리넨이고 오히려 나일론이나 아크릴 같은 합성직물은 지수가 낮은 편이지만 미세플라스틱이나 폐기 과정까지 고려한다면 합성직물이 낫다고 말하기는 어려워.

결론적으로 어떤 옷을 살까보다는, '어떻게 하면 옷을 사지 않을까'를 고민해야 할 것 같아.

더 나은 세계를 위한
비건 패션

#물징 #비건패션 #리싸이클_다운

동물의 털이나 가죽으로 만든 옷은 어떤 문제가 있을까? 도축한 소의 부산물인 가죽과 깎아도 다시 자라는 동물 털을 사용하는 것은 별문제가 없어 보이지. 하지만 축산업이 이미 큰 환경문제이기 때문에 가죽 옷을 찾는 건 고기를 먹는 것과 다를 바가 없어. 그리고 정상적으로 도축된 동물의 가죽만 사용하는 게 아니야. 명품 의류나 가방에는 대부분 송아지 가죽을 사용해. 생후 6개월 미만의 송아지나 더 부드러운 가죽을 얻기 위해 아직 태어나지 않은 송아지를 어미의 뱃속에서 강제로 꺼내 가죽을 얻는 경우도 있어. 생각만 해도 너무 끔찍하지? 그리고 가죽의 품질을 높이기 위한 가공 과정엔 온갖 화학약품과 많은 물이 사용되고 있어.

반면에 가죽제품은 오랫동안 사용할 수 있다는 장점도 있어. 엄마가 존경하는 선생님 한 분은 30대 대학원생 시절에 샀던 가죽가방을 80세가 넘은 지금까지도 들고 다니셔. 새로운 제품이 아니라 물려받거나 이미 가지고 있는 가죽 제품이라면 오래오래 낡고 해질 때까지 사용하는 게 좋을 거 같아. 낡은 것을 빈티지한 멋으로 여겨 고쳐서 사용한다면 어떤 제품보다 환경에 좋은 선택일 거야.

알파카나 양의 털로 만든 모직의류는 따뜻하고 가벼워서 겨울에 많이 입어. 동물 털은 깎아도 계속 자라니까. 무슨 문제가 있을까 싶지? 2021년에 이탈리아의 대표적인 의류 브랜드는 알파카의 털을 잔인하게 채취하는 모습이 폭로되면서 알파카 의류 생산을 중단하기로 했어. 국제적인 동물보호단체인 페타^{PETA}를 통해 공개된 영상에서 알파카는 바닥에 내팽개쳐지고 목이 졸린 채 털이 깎이고 있었어.

양도 마찬가지야. 원래 양은 스스로 털갈이를 할 수 있는 동물이지만 많은 털을 얻기 위해 품종이 개량된 메리노 종은 몸이 감당할 수 없을 정도의 무게로 털이 자라 스스로 털갈이를 할 수 없다고 해. 양의 생식기 주변엔 파리 같은 곤충이 달라붙어 알을 낳아 구더기가 생기는 경우도 많은데 깨끗한 양털을 얻기 위해 목장주들은 아예 생식기 주변의 피부를 도려내 벌레가 꼬이지 않게 하는 '뮬징'이라는 방법을 쓰고 있어. 영국 등 여러 나라에서 뮬징은 법으로 금지되었는데 호주에선 아직 합법이고 그게 오히려 양을 파리떼로부터 보호

복슬복슬한 털이 뒤덮인 양을 보듬고 조심조심 가위로 털을 자르는 모습은 이렇게 사진으로만 남은 풍경이 되어가고 있다.

한다 주장하고 있지.

양털을 깎을 때도 가능하면 빠른 시간에 많은 양털을 얻기 위해 양을 바닥에 패대기쳐 의식을 잃게 하거나 몸을 눌러서 움직이지 못하게 한 뒤 긴 톱니가 달린 톱으로 양털을 깎거나 아예 나무를 자를 때나 쓰는 전기톱으로 깎는 모습이 영상으로 공개돼 사람들을 놀라게 했어. 섬세하고 부드러운 털깎기가 아니기 때문에 양에게 상처가나는 건 당연하고 이 과정에서 양이 죽는 일도 빈번해. 외국 드라마나 영화에서 봤던 정성스런 털깎기는 대량사육 시스템에선 상상도 할 수 없는 모습이야. 보드랍고 따뜻한 양모 제품 뒤에 이런 모습이 숨겨져 있다는 게 믿어지지 않지.

사실 엄마는 양모 제품을 좋아해. 양모는 따뜻할 뿐 아니라 천연 방수 기능도 있어서 너희가 어릴 때 기저귀 커버로도 많이 사용했어. 양모 털실로 목도리나 모자, 조끼 같은 걸 만드는 것도 정말 좋아했어. 그런데 이젠 양모 제품을 쉽게 살 수 없을 것 같아. 그래서 사야 한다면 뮬징을 하지 않은 뮬징프리 양모를 고르고 이미 가지고 있는 양모 제품을 잘 간수해서 오래오래 입거나 사용해야겠다고 마음먹었어.

오리털이나 거위털을 충전재로 쓴 다운 패딩은 이제 겨울 필수품이 되었어. 해마다 유행도 바뀌어서 어떨 땐 롱패딩이 유행하더니 작년부턴 숏패딩이 유행하더라. 오리털이나 거위털을 얻는 과정은 어떨까. 당연히 죽은 동물의 깃털을 뽑아서 사용할 거라고 생각하겠지만 실상은 달라. 깃털은 한번 뽑아도 계속 나니까 살아있는 오리나 거위의 깃털을 뽑아. 얼마 뒤 깃털이 자라면 또 뽑고, 이런 과정을 열 번쯤 반복해. 더는 털이 나지 않으면 그때서야 죽인다고 해. 손으로 마구잡이로 털을 뽑다 보니 피부가 찢어지기도 하는데 그러면 그 자리에서 마취도 없이 상처를 바늘로 꿰매. 동물의 고통 따위는 안중에도 없는 거지. 상상해 봐. 털이 뽑힐 때 얼마나 아픈지. 축사 전체에 거위의 울음소리가 가득한 영상을 보고 엄마는 거위도 불쌍하지만, 그 일을 해야만 하는 사람들 역시 고통스럽겠다는 생각이 들었어.

다행히 이런 방식으로 생산된 거위나 오리의 깃털을 사용하지 않고 대안을 마련한 의류 회사들도 있어. 깃털을 채취하는 전 과정을 추적해서 동물복지농장에서 식용으로 길러지다 죽은 후에 채취된 깃털만 사용하거나, 중고의류나 침구류의 깃털을 재사용하는 방법을 선택하는 회사들 말이야. 깃털이 들어간 패딩을 사야 한다면 라벨에서 'Responsible down standard'나 'Recycle down' 같은 표시가 있는지 살펴봐야 해.

모피나 가죽, 동물 털 제품의 옷들을 입지 않는 걸 '비건패션'이라고 해. 최근 동물성 재료를 사용한 옷을 입지 않는 비건패션을 지향하는 사람들이 늘어나자 기존 의류 회사에서 이들을 위한 제품을 만들거나 전문 브랜드가 생겨나고 있어. 여러 소재의 원단을 재사용하거나 재활용해 옷을 만드는 곳도 있어. 파인애플, 망고, 버섯, 사과, 포도 같은 식물성 재료로 가죽을 만들기도 하고 한번 사용되었던 소재를 재활용해 더 가치 있게 만드는 업사이클링 회사가 있어. 그리고 페트병을 재활용해 옷을 만드는 유명 브랜드도 생겼어.

지속가능한 패션 브랜드

낫아워스 thenotours.com

선인장 가죽이나 리사이클링 원단을 사용하는 비건의류 브랜드.

에끌라토 @eclatto_lifestyle

선인장 가죽, 사과 가죽, 옥수수 가죽으로 가방을 만든다.

비건타이거 vegantigerkorea.com

동물성 재료를 전혀 사용하지 않는 비건의류 브랜드.

제로그램 zerogram.co.kr

재활용 다운과 섬유의 친환경 인증마크인 블루사인 인증 제품 원단을 이용해 아웃도어 의류를 만든다.

파타고니아 patagonia.co.kr

전 제품의 90% 이상을 재활용 소재나 유기농 면 등 천연소재를 이용해 만들고 오래 사용할 수 있도록 수선 서비스를 제공한다.

블랙야크 byn.kr

페트병 재활용원단과 동물복지를 준수한 RDS 인증을 받은 다운으로 제품을 만든다.

Re;code kolonmall.com/RECODE

재고로 남은 의류들을 해체한 뒤 재조합해 새로운 옷을 만드는 업사이클 전문 패션 브랜드

119REO 119reo.com

폐기된 소방복으로 옷과 가방 등을 만든다.

에코파티메아리 mearry.com

쓰임을 다한 가죽 소파, 의류, 차양막 등으로 지갑, 인형 등을 만든다.

프라이탁 freitag.ch

트럭 방수천, 자동차 안전벨트 등으로 가방을 만드는 스위스 브랜드. 국내에도 매장이 많다.

큐클리프 cueclyp.com

버려지는 방수천을 이용해 가방, 필통, 지갑 등을 만든다.

화장품과 동물

너희 학교에서 학생생활규정을 바꾼다며 부모들의 의견을 묻는 설문지가 왔어. 같이 보면서 적어 볼까? 머리 길이를 정하고 염색이나 귀 뚫는 걸 안 된다고 하는 건 엄마 학창시절에나 했던 건데, 요즘엔 허용해도 되는 거 아냐? 휴대폰을 갖고 있는 것까지 금지하는 건 좀 심하다. 가져가되 수업시간에만 사용하지 않으면 되지 않을까?

화장? 음…… 화장은 글쎄다.

네가 어릴 때 엄마가 잡지에서 아동 모델들이 화장을 한 모습을 보여주면서

"이 언니들 화장 한 것 좀 봐." 했더니

"왜, 예뻐서?" 했던 거 기억나니?

엄마는 아이들이 이렇게 화장을 진하게 하면 안 될 거 같아서 한

162

잔인한 동물실험을 하지 않는 제품이라는 뜻의 Cruelty Free를 기억하자. 우리나라에선 2016년 이후부터 동물실험을 한 화장품 원료의 수입과 제조가 금지되었다. 그러나 약품 개발 등에서 쓰이는 동물실험은 해마다 늘어나 2022년에만 488만 마리의 동물이 실험으로 희생되었다.

말인데 네 눈에는 그 모습이 예뻐 보였나 봐. 하긴, 엄마도 어릴 때 외국 드라마에서 청소년들이 파마하고 화장하는 게 부러워서 외할머니 몰래 파운데이션도 바르고 일부러 색이 들어간 립밤도 발랐으니까. 어른들 눈에는 너희들의 맨 얼굴에 여드름 난 그 모습조차 너

4장 ∞ 지구에도 이로운 패션피플 되기

무 예쁘고 사랑스럽게 보이거든. 아무리 이런 말을 해도 너희들 귀엔 안 들리겠지?

2017년 녹색소비자연대의 연구조사에 따르면 색조화장을 하는 여학생이 초등학생은 10명 중 4명, 중·고등학생은 10명 중 7명 이었대. 지금은 더 늘어났겠지? 요즘엔 학생들이 뷰티 유튜브를 하는 경우도 많으니 그걸 보고 화장법을 배우는 학생들도 많을 것 같아. 10대용 화장품 브랜드도 따로 있던데?

그래. 청소년들이 화장 하는 거 이제 말릴 수 없다고 생각해. 다만 엄마는 너희가 쓰는 화장품이 성장기인 너희들에게 해로운 제품은 아닌지 화장품을 고를 때도 환경적인 고려를 해야 한다는 걸 이야기해 주고 싶어.

많은 화장품이 만들어지는 과정에서 토끼, 쥐, 기니피그, 비글 같은 동물들을 실험에 사용하는 거 알아? 다행히 우리나라에선 2016년부터 특별한 경우를 제외하곤 동물실험을 한 화장품 원료를 제조하거나 수입하는 것을 화장품법으로 금지하고 있어. 물론 저절로 이뤄진 것은 아니야. 오랫동안 환경단체와 동물권단체들이 동물실험을 반대해 온 결과야.

화장품 동물실험에 제일 많이 희생된 동물은 토끼야. 동물실험을 하지 않았다는 걸 뜻하는 화장품 라벨에 토끼 그림이 있는 이유지. 마스카라나 샴푸가 눈에 들어가도 안전한지 확인하기 위해 토끼 눈에 제품을 바르는 실험을 '드레이즈 테스트'라고 해. 이 테스트는 강제로 토끼를 고정시키고 눈에 화장품을 3천 번 이상 바르는 거야. 실험 중에 눈이 따가워진 토끼는 몸부림치다 목뼈가 부러지거나 눈이 멀기도 해. 실험을 마친 동물은 대부분 죽임을 당하지.

어떤 물질이 사람에게 해로운지 아닌지를 먼저 확인하는 건 매우 중요해. 하지만 그 방법이 꼭 '동물실험'일 필요는 없어. 이미 2만 종이 넘는 화장품 원료에 대한 안전성 결과가 확보되어 있기 때문에 더 이상의 실험은 필요 없어. 우리나라에선 화장품 동물실험이 금지되었지만 인간의 아름다움을 위해 얼마나 많은 동물들이 희생되었는지 잊지 말아야 할 것 같아.

해롭지 않은 화장품 고르기

#유해물질 #비건화장품 #옥시벤존 #옥티노세이트

많은 동물의 희생을 감수하며 동물실험을 한 건 화장품의 원료가 우리에게 해로울 수도 있기 때문이야. 소비자들이 화장품에 들어간 유해한 성분을 거를 수 있도록 우리나라도 2008년부터 화장품의 모든 성분을 공개하는 전성분표시제가 시행되고 있어.

엄마랑 집에서 화장품을 만들어 봤잖아. 그때 많아야 예닐곱 가지의 재료를 사용하는 거 봤지? 그런데 기성품으로 나오는 제품들은 오래 보관해야 하니까 방부제를 넣고 향이나 색을 진하게 하기 위해 인공적인 물질들을 첨가해. 전성분이 표시되긴 하지만 화장품 라벨에 깨알같이 적힌 수십 개의 원료를 보고 유해성을 알 수 있는 사람은 거의 없을 거야.

그래도 가장 기본적인 유해 물질 몇 가지는 알고 있으면 좋겠어.

타르색소	석탄을 태울 때 나오는 콜탄에서 추출한 물질로 만드는 색소. 인체에 다량 축적되면 간 독성, 천식, 암 등을 유발한다.
인공향료	석유에서 분리한 화학물질로 만들어진 인공향료는 두통, 알레르기, 천식 등을 일으키며 환경호르몬 물질인 경우도 많다.
파라벤	화장품에 들어가는 방부제 성분으로 피부염, 소화기, 호흡기 질환을 일으키며 환경호르몬 물질이기도 하다.
미네랄오일	석유를 정제하여 얻은 광물성 오일로 정제 과정에서 여러 화합물이 섞일 가능성 때문에 위험성 논란이 있다.
옥시벤존 (벤조페논)	알려지 유발, 순환기, 호흡기, 소화기 장애를 일으킬 수 있고 환경호르몬 물질이기도 하다. 극미량으로도 바다의 산호초를 죽게 하고 해양생물의 내분비계를 파괴한다.

　　대부분 피부를 통해 흡수되어 환경호르몬 또는 암이나 알레르기 등을 일으키는 물질이거든. 물론 유해물질이라 하더라도 시판 중인 화장품은 엄격하게 정해진 용량 만큼만 사용해 위해성이 낮거나 거의 없는 상태에서 판매되는 거라 너무 걱정할 필요는 없어. 그럼에도 화장품 라벨에 유해 성분 몇 가지를 사용하지 않는다는 '5-free'나 '7-free' 같은 표시가 있다면 더 안심할 수 있겠지. 그리고 인공향료 대신 '무향'으로 표시되는 제품도 있는데 이건 향을 섞어서 무향 상태를 만들었다는 거지 향료를 안 넣었다는 건 아니야. 오히려

더 많은 향료가 들어갔을 수 있어. 그래서 무향이 아니라 '무향료'를 선택해야 해.

유해성분을 모두 알 수는 없으니까 어떤 화장품이 유해한지 아닌지를 확인하는 '화해'라는 앱을 활용해봐. 제품명을 입력하면 전성분의 유해성을 등급에 따라 보여주고 20가지 주요 성분과 알레르기 유발물질이 포함되었는지 알려줘. 청소년이라면 면역력도 약하고 피부도 얇으니까 더더욱 안전한 원료를 사용한 화장품을 써야해. 이런 앱을 사용해서 구입할 화장품의 성분을 미리 확인해 보면 좋을 것 같아.

미국의 비영리 단체인 환경워킹그룹[EWG]에서는 미국의 10대 소녀들의 혈액, 소변 등을 조사했는데 프탈레이트, 트리클로산, 파라벤, 사향 같은 16가지 잠재적 독성 화학물질이 검출되었어. 화장품에 함유된 이 물질들은 모두 생식기능에 이상을 일으키거나 각종 면역질환의 원인이 되는 내분비계교란 물질이야.

음식과 옷처럼 화장품에도 비건화장품이 있어. 동물실험을 하지 않는 것은 물론 동물성 원료를 사용하지 않는 제품이야. 잎 모양과 비건이라는 글씨가 쓰여 있는 로고가 비건화장품을 뜻하는 데 이런 제품들은 식물에서 추출한 원료로만 화장품을 만드니까 다른 제품들보다 안전하다고 볼 수 있지. 물론 식물성 천연 원료라고 해서 다 내 피부에 맞는 건 아니야. 언제나 화장품을 쓸 때엔 조금 발라보고 알레르기 반응이 있는지 먼저 확인해야 해.

짙은 화장을 하지 않더라도 틴트나 색이 있는 립밤이나 립글로스는 많이 바르지? 립 제품은 계속 먹게 되니까 특히 전성분을 살펴서 유의해야 해. 2021년에 서울시 보건환경연구원이 립스틱, 립밤, 립글로스 등 66개 제품의 납, 비소, 카드뮴, 안티몬, 니켈을 조사했는데 모두 허용기준 이내지만 검출이 됐어. 청소년들이 주로 사용하는 립틴트, 립밤에서는 납과 니켈이 성인용보다 높게 검출되었다고 해. 카드뮴은 발암물질이자 내분비계교란 물질로 성장발달을 방해해. 납 역시 2급 발암물질이고 어린이의 성장 감소 및 인지장애를 일으키며 체내에 축적되서 건강을 해쳐. 모두 허용기준 이내라고 하지만 이건 성인대상 기준이기 때문에 어른보다 피부가 약한 너희들은 부작용이 발생할 확률이 높아. 미량이지만 립제품을 바를 때마다 중금속과 화학물질을 조금씩 섭취하고 있다는 걸 인식한다면, 어떤 립제품을 골라야 할지 더 신중해야겠지.

화장을 하지 않더라도 선크림은 다 바르지? 우리가 바르는 선크림이 바다의 산호를 죽일 수도 있어. 선크림은 이산화티타늄, 산화아연 같은 광물질이나 옥시벤존, 옥티노세이트 같은 화학물질을 이용해 자외선 차단효과를 내. 그런데 화학물질 옥시벤존과 옥티노세이트는 바닷물에 흘러 들어가 생태계에 치명적으로 작용해. 올림픽 경기용 수영장 6개 크기에 단 한 방울의 양만으로도 산호를 죽게 만들어. 열대바다에선 산호가 하얗게 죽어가는 백화현상을 일으키고, 바다 생물의 DNA에 손상을 주거든. 내분비계교란물질이기 때문에 산호뿐만 아니라 물고기나 고래 같은 포유동물에게 생식 질환을 일으켜. 그래서 하와이, 팔라우, 태국에서는 이런 화학물질이 들어간 선크림 사용을 금지했어. 물론 사람에게도 해롭겠지.

2018년 녹색연합이 국내에 시판되는 선크림에 함유된 유해물질인 옥시벤존과 옥티노세이트에 대해 조사를 했어. 그 결과 60%의 제품에 이 성분이 있었어. 우리나라는 아직 법으로 규제하진 않지만 선크림을 고를 때 산호를 죽이는 성분이 들어가지 않은 선크림이라는 'Reef‒Safe', 나 'Coral-Safe' 표시를 꼭 확인해야겠지. 내 건강과 바다의 산호와 모든 생물을 위해서 말이야.

화장을 하는 것보다 더 중요한 건 잘 지우는 거야. 화장은 정성스럽게 몇십 분을 들여 하면서 정작 지우는 걸 대충하면 피부가 망가지겠지. 그리고 색이 예쁘다며 친구들끼리 서로 틴트를 발라보는 건 위험해. 피부에 있는 병원균, 세균, 바이러스가 옮을 수 있고, 나에겐 괜찮은데 친구의 피부에선 문제가 생길 수도 있거든.

그린워싱과 리필 화장품

네가 참여했던 온라인 환경캠프에서 받은 로션 기억나? 캠프를 후원한 화장품 회사에서 준 건데 그 로션 용기가 겉면이 종이로 되어 있고 'I am not plastic'이라고 쓰여 있었어. 어떻게 종이로 이런 용기를 만들 수 있지 하고 궁금해서 종이를 뜯어봤더니 글쎄, 그 종이 안에 플라스틱 용기가 따로 있는 거더라고. 이게 대체 무슨 의미일까 이상하다 했는데, 엄마만 그런 생각을 한 게 아니었나 봐. 온라인에서 그 로션을 두고 '그린워싱'이라고 비판하는 목소리가 많았어. 환경문제가 워낙 커지니까 환경을 보호한다고 마케팅도 하고 광고도 하지만 실상 그렇지 않은 걸 두고 '그린워싱'이라고 하지. 이 제품은 부끄럽게도 에코비즈니스eco-business.com라는 글로벌 매체에서 2021년 선정한 그린워싱 브랜드 11개에 뽑혔어.

시민들은 재활용되지 않는 화장품 용기를 모아 화장품 회사 앞에서 항의하는 화장품어택 활동을 펼쳤다. 이 활동으로 화장품 회사에서는 가능하면 화장품 용기를 재활용되는 소재로 만들어야 한다는 부담을 갖게 되었다.

어떻게 물을 조달할지 계획도 없이 사막에 500억 그루의 나무를 심는다고 선언한 사우디아라비아 지상에 있는 광산의 환경오염을 지적하면서 해저에서 금속을 채굴하는 캐나다 회사, 자원을 50% 재활용했다고 광고했지만 어떻게 재활용했는지 설명하지 않는 글로벌 스포츠용품 회사 등이 그린워싱 브랜드로 선정되었지.

화장품도 원료와 용기 때문에 플라스틱 문제에서 자유롭지 않아. 예전엔 스크럽에 플라스틱 알갱이가 있었어. 환경단체들의 항의

끝에 2017년부터 우리나라에선 씻어 내는 화장품 종류에 플라스틱 사용이 금지되었어. 그런데 모든 화장품에서 사라진 건 아니야. 엄마가 어느 날 화사하고 반짝이는 화장을 해보고 싶어서 정말 몇 년 만에 화장품 매장에 들러 아이섀도와 글리터를 사서 발랐었거든. 그런데 생각보다 너무 과하게 반짝거리고 아무리 문질러도 지워지지 않아서 자세히 봤더니 플라스틱 조각이었어. 이 제품의 회사 홈페이지엔 화장품에 미세플라스틱을 쓰지 않는다는 홍보글이 있어. 그런데 이 문장엔 '씻어 내는'이라는 단서가 붙어 있었어. 눈에 바르는 제품은 씻어 내는 게 아니라 닦아 내는 거라서 미세플라스틱을 사용해도 된다는 거지. 그러나 눈 화장도 물로 씻어 내기도 하니까 플라스틱 조각이 모두 강과 바다로 흘러갈 거야. 그래서 색조 화장품을 고를 때도 플라스틱 원료가 들어갔는지 확인해야 해. 2023년 9월 유럽연합은 미세플라스틱이 들어간 글리터 같은 화장품도 더 이상 생산하지 못하도록 결정했어. 아무리 적은 양이라도 생태계와 사람의 건강에 미치는 영향을 무시할 수 없다는 판단을 내린 거야.

화장품을 지울 때 쓰는 일회용 화장솜도 대부분 플라스틱으로 만들어져. 조금 번거롭고 귀찮더라도 빨아 쓰는 다회용 거즈로 만든 화장솜을 사용하면 쓰레기를 줄일 수 있겠지.

어떨 땐 용기가 예뻐서 화장품을 사기도 해. 그런데 화장품 용기는 색소나 금속이 혼합된 소재여서 대부분 재활용이 불가능해. 우리나라에선 2021년부터 제품의 용기가 재활용이 쉬운지 어려운지를 용기 겉면에 표시 하도록 했는데 처음 이 제도가 도입된다고 하자 화장품업체들은 환경부에 요청해 표시 대상에서 제외시켜 달라고 했어. 용기 재활용이 거의 안 되는 대표적인 품목이 화장품인데도 말야. 그래서 녹색연합과 알맹상점 등이 시민들과 함께 화장품 용기 수천 개를 모아서 회사와 환경부 앞에 쌓아놓고 화장품 용기도 재활용 표시를 하도록 요구하는 '화장품어택'을 했어. 이런 활동으로 결국 환경부는 다시 화장품도 재활용등급 표시를 하도록 했어.

시민들의 항의에 화장품 업계도 조금씩 바뀌고 있는 것 같아. 최근에는 단일소재로 만들어 재활용이 쉬운 용기나 아예 재활용 플라스틱으로만 만든 용기에 담긴 화장품도 나오고 있어. 이전과는 다르게 화장품 회사의 광고나 홍보에도 화장품의 성능과 함께 용기의 소재에 관한 내용이 적혀 있더라고. 립밤 용기를 종이로 만들거나 화장품을 리필해서 살 수 있는 곳들도 생기고 있어.

다양한 리필제품을 파는 '알맹상점'은 스킨, 로션, 바디워시, 샴푸, 컨디셔너 같은 30여 가지의 화장품을 가져 온 용기에 필요한 만큼 사갈 수 있는 곳이야. 알맹상점이라는 이름대로 포장은 빼고 알맹이만 파는 거지. 1g 단위로 파니까 필요한 만큼, 피부에 맞는지 테스트 용으로도 살 수 있어. 립밤까지 가져온 용기에 덜어서 살 수 있어.

알맹상점에서 화장품을 리필해 가는 손님들 덕분에 2022년에만

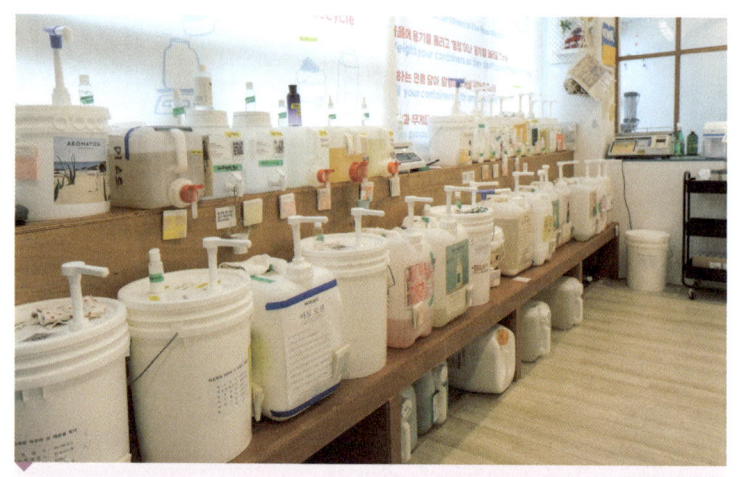

알맹상점의 화장품 리필스테이션. 알맹상점에선 스킨, 로션, 바디로션, 샴푸, 립밤 등 30여 종이 넘는 화장품을 리필로 판매하고 있다.

화장품 용기 쓰레기를 14,800여 개나 줄일 수 있었어. 알맹상점이 문을 연 초창기에는 이렇게 화장품을 대용량으로 제조하는 회사가 거의 없어서 리필 화장품을 여러 종류로 갖추기가 어려웠는데 몇 년 만에 여러 화장품 업체가 리필용 대용량 제품을 제조하게 되었어. 우리나라에서 가장 큰 화장품 회사에서도 리필 매장을 운영하고 있어. 소비자들이 불편을 감수하고 환경을 위한 제품을 적극적으로 찾으니까 결국 기업도 바뀌는 것 같아.

엄마의 환경수업

엄마는 왜 화장을 잘 하지 않냐고? 못하는 거 아니냐고? 안 하는 것
도 맞고, 못하는 것도 맞아. 어릴 땐 화장을 해 보고 싶었는데 정작
어른이 되어선 화장을 잘 안 하게 되더라고. 엄마가 만약 환경운동
가가 아니라 늘 화장을 해야 하는 직업을 가졌다면 화장을 많이 했
을 수도 있었겠지. 그런데 엄마는 원치 않게 날마다 화장을 해야 했
다면 너무 힘들어했을 것 같아. 지금처럼 가끔 엄마가 하고 싶을 때
만 하는 게 좋아.

　지금은 많이 바뀌고 있지만 여전히 직장인들은 회사에 갈 때 정
장을 입잖아. 여자는 거기에 하나 더 추가해 화장을 해야 된다고 여
기는 사람이 많아. 스스로 화장을 좋아해서 하는 거라면 괜찮지만
화장이 예의와 매너라고 생각하는 사람들 때문에 억지로 하는 사람

도 있어. 여기서 더 나아가면 살이 쪄도 안 되고, 그렇다고 너무 말라도 안 되고, 키가 작아도 안 되고, 너무 커도 보기에 안 좋다는 이야기를 들어. 겉모습에 관한 이런 품평을 아무렇지 않게 하는 사람들이 여전히 많은 것 같아. 때론 칭찬처럼 때론 비난처럼 말이야. 의도가 뭐든 남들이 하는 외모품평을 계속 듣다 보면 자기 외모와 자기 자신에 대해 긍정적인 태도를 갖기 힘들어. 나와 상관없이 계속 남들의 기준, 세상의 기준을 의식하게 되니까 말이야.

마스크를 썼던 코로나 이후에 많은 여성들이 '화장을 하지 않아서 좋다'라고 말하더라고. 이런 걸 보면 좋아서 날마다 화장을 하는 여성은 많지 않을 거라는 생각도 들어.

엄마는 너희들이 화장을 하고 싶어 하는 걸 당연하다고 생각하지만 그럼에도 혹시 '예쁘다'의 기준이 화장을 한 여성의 모습으로 정형화된 건 아닌가, 화장을 하는 게 자연스러운 또래 문화가 되어서 싫든 좋든 하는 게 아닌가 하는 걱정도 있어. 화장을 하는 것도 하지 않는 것도 내가 선택하고 판단할 문제이고 그 선택과 판단에 남의 시선, 사회적인 고정관념 같은 것은 없는지 잘 생각해 봤으면 좋겠어. 그리고 다른 사람의 외모에 대해 이러쿵 저러쿵 말하는 건 정말 사라져야 해.

5장

차근차근 시작하는
제로웨이스트

이렇게 많은 쓰레기가 어디로 갈까?

#난지도 #꽃섬 #쓰레기매립장 #하늘공원 #노을공원

우리 동네 생태공원인 하늘공원과 노을공원은 예전에 쓰레기 매립지였어. 지금의 아름다운 모습으로는 상상할 수가 없어. 원래 이곳은 '난지도'라는 섬이었어. 난지도는 한강 상류에서 흘러온 퇴적물이 쌓여 생긴 섬으로 여의도 1/3 크기였대. 난초와 지초가 핀 섬이라 난지도라고 했어. 김정호의 대동여지도에는 중초도라고 되어 있고 마을 사람들은 꽃섬이라고도 했어. 쓰레기가 쌓이기 전까지는 많은 관광객이 찾는 아름다운 곳이었어. 고운 모래가 펼쳐져 있어 여름이면 해수욕장이 되고 가을이면 갈대숲으로 철새가 날아들던 곳이었대. 난지도에선 농사도 지었는데 특히 땅콩 농사를 많이 지어서 우리나라에서 생산된 땅콩의 30%가 난지도에서 재배되었다는 기록도 있어.

1978년부터 1993년까지 서울시에서 나오는 모든 쓰레기를 쌓았던 난지도 쓰레기 매립장이 지금은 아름다운 공원으로 바뀌었다.

그런데 난지도는 비만 오면 물에 잠기는 범람원이어서 자주 홍수 피해를 입었어. 그래서 1977년 서울시는 홍수 피해도 막고 겨울철 가난한 사람들에게 일자리도 제공하기 위해 난지도에 둑을 쌓았어. 그해 7월에 공사가 완료되었고 높이 7m가 되는 둑 안쪽을 채우기 위해서는 2천 만m² 분량의 흙이 필요했는데 서울시는 흙 대신 서울시 전역에서 나오는 쓰레기를 6년 동안 그곳에 묻기로 결정했어. 아름다운 섬 난지도가 쓰레기 처분장이 되었지. 환경문제를 심각하게 인식하지 못했던 당시에는 식수원인 한강 옆에 쓰레기 매립

엄마의 환경수업

장을 만드는 것에 대한 문제나 흙 대신 쓰레기를 채운 땅을 다른 용도로 활용할 수 있는가에 대한 우려는 없었던 것 같아. 그땐 주거, 상업, 공업단지를 지을 수 있는 '택지'를 만들기 위해 흙 대신 쓰레기를 묻는 게 일반적이었거든.

당시의 쓰레기 매립은 어떤 위생시설도 없이 그냥 쏟아 붓는 게 전부였어. 난지 매립장엔 서울에서 나오는 생활 쓰레기뿐만 아니라 유독한 산업 쓰레기까지 모두 쌓이기 시작했고, 6년만 사용하겠다던 매립장은 다른 매립장을 찾지 못하면서 사용기간이 연장되었지.

재활용품을 따로 수거하지 않던 시절이니까 쓰레기 중엔 고철이나 폐지, 의류처럼 되팔 수 있는 물건들도 섞여 있었어. 그래서 난지도엔 이런 걸 주워 파는 넝마주이들이 몰려들었고, 3천여 명이 넘는 사람들이 주변에 허술한 집을 짓고 살면서 쓰레기 더미를 뒤져서 생계를 이어 갔어. 매립장이 된 지 몇 년이 지나지 않아 난지도는 원래 제방 높이 7m를 넘어서 쓰레기 산이 되어버렸어. 서울시도 난지도를 아예 '쓰레기 동산'이라 이름 붙였어. 높이 쌓여 가는 쓰레기 더미는 자주 무너져 내렸고 가스가 폭발해 불이 나는 일도 많았어. 매립장의 쓰레기와 중금속은 한강으로 흘러 들어갔고 난지도뿐만 아니라 근처의 마포 일대나 한강 건너 여의도나 강서구 일대에까지 심하게 악취가 나곤 했대. 당시엔 수질오염, 대기오염, 토양오염, 악취 같은 문제를 '공해'라는 말로 표현했는데, 지천으로 꽃이 피는 아름

183

다운 섬 난지도는 몇 년 만에 공해의 상징이 되어버렸어.

난지도 매립장을 폐쇄해야 한다는 목소린 많았지만 새로운 매립지를 정하지 못하다가 당시 김포의 간척지에 수도권매립지를 조성하기로 하면서 1993년 3월 31일 난지도는 높이 100m의 쓰레기 산 두 개를 남기고 쓰레기 매립을 종료하게 돼. 그리고 이곳을 생태공원으로 만들기로 했어. 안정화 시설을 갖추고 흙을 덮어 풀밭을 만들고 나무를 심자 씨앗들이 날아와 자라고 야생동물들이 보금자리를 만들면서 생태공원의 모습을 갖추어 갔어. 악취가 나던 쓰레기 매립장이 사람들이 즐겨 찾는 생태공원으로 탈바꿈한 건 정말 다행스러운 일이야.

지금 우리는 모든 쓰레기를 한꺼번에 버리던 예전과는 달리 재활용할 것들을 골라내고 나머지를 매립하거나 소각해. 그렇지만 절대적인 쓰레기의 양은 계속 늘고 있어서 세계에서 가장 큰 수도권매립지도 조만간 매립을 종결해야 하는 실정이야. 게다가 소각장을 더 짓는 것도 쉽지 않은 상태야. 새로운 매립장과 소각장을 만드는 게 쉽지 않다면 우리가 할 수 있는 건 오직 쓰레기를 만들지 않는 것, 재사용, 재활용을 늘리는 것밖에 없어. 제2의 제3의 난지도를 더 만들지 않으려면 말이야.

우리는 언제부터 이렇게 쓰레기를 만들어 내는 생활을 해왔을까? 인류의 역사에서 쓰레기는 언제부터 등장했을까?

엄마가 할머니에게 옛날엔 쓰레기를 어떻게 처리했냐고 물어봤어. 잠깐 생각해보시더니 할머니가 어릴 적 시골에 살던 때엔 쓰레기가 아예 없었다고 하시더라고.

방에 떨어진 머리카락도 바늘꽂이 안에 솜 대신 넣었대. 다 쓴 종이는 불쏘시개나 화장실에서 사용했고 천의 짜투리도 모아서 조각보를 만들고 속옷이 해지면 행주로, 걸레로 쓰다 마지막엔 아궁이에 넣고 태우고. 도자기 그릇이나 항아리가 깨지면 화단가에 묻어뒀대. 동네에는 늘 소나 돼지를 키우는 집들이 있어서 저녁 무렵이면 채소 다듬은 짜투리나 음식물 찌꺼기 같은 걸 모으러 다녔대. 똥이

185

나 오줌도 밭에 뿌려 거름으로 사용했대. 이렇게 쓰고 남은 것이나 버려야 할 게 나오더라도 집과 동네에서 다 해결이 되었어. 물론 당시에도 도시에선 똥오줌을 거름으로 만들어 줄 밭도 없고 음식물 찌꺼기를 먹을 가축도 없었으니까 쓰레기보단 '오물'을 처리하는 문제가 있었겠지. 조금 더 세월이 지나 나무를 때는 아궁이가 연탄 아궁이로 바뀌고 비닐 포장된 생필품이 늘어나고 나일론 같은 재질의 플라스틱으로 만든 옷이 등장하고, 박으로 만든 바가지가 아니라 알록달록한 플라스틱 바가지가 나오고, 무거운 놋이나 함석 대신 가벼운 플라스틱 대야가 나오면서 모든 게 바뀌었어. 플라스틱으로 만들어진 물건들은 쓰임이 다하면 태우거나 묻어도 되는 물건이 아니었고 집집마다 매일 연탄재 쓰레기가 나왔지. 아마 1938년에 태어나신 할머니는 쓰레기가 없었는데? 라고 말할 수 있는 마지막 세대인 것 같아.

자급자족하며 살던 과거로 돌아가지 않는 이상 살면서 쓰레기가 나오지 않는 걸 상상하기는 힘들지. 그래서 쓰레기 없는 세상이 가능해? 라고 묻는다면 답을 하기가 어려워. 그럼 질문을 바꿔보면 어떨까? 지금처럼 매립지에 묻어도 썩지 않고, 바다로 흘러 들어가 바다 생태계를 파괴하고, 태우면 이산화탄소와 유독물질을 배출해 지구 온난화와 대기를 오염시키는 물질을 계속 만들고 사용하는 세상의 미래는 어떤 모습일까?

엄마의 환경수업

쓰레기 문제를 이대로 둬도 산과 강과 바다가 그대로 유지될 수 있을까? 인간과 야생동식물의 건강은 괜찮을까?

'쓰레기'라는 말은 '쓸다'에서 왔어. '쓸다'는 '비로 쓸어 낸 먼지나 티끌, 또는 못 쓰게 되어 내다 버릴 물건이나 이미 버린 물건을 통틀어 이르는 말'이야. 이 문장에서 '못 쓰게 되었다'는 걸 곰곰이 생각해 봐. 만약 계속 쓰고, 다시 쓰고, 고쳐 쓰고 용도를 바꾸어 쓰면서 쓸모를 늘려 가면 버리지 않아도 되겠지. 게다가 못 쓰게 될 물건은 애초에 만들지 말고 사지도 않는다면 저절로 제로웨이스트가 될 거야.

쓰레기를 줄이는 5R

#5R #거절하기 #줄이기 #재사용 #재활용 #썩히기

1년에 1ℓ 정도의 쓰레기만 배출하는 쓰레기 제로 실천법을 담은 책 『나는 쓰레기 없이 살기로 했다』에서 소개된 쓰레기를 줄이는 '5R 법칙' 알려줄게.

첫 번째는 Refuse. 거절하기야. 엄마도 쓰레기를 줄이는 가장 중요한 방법이라고 생각해. 카페에서 음료를 담아주는 일회용 컵이나 빨대를 거절해 본 적 있지? 그럴 때 어땠어? 조금 귀찮기도 하고 또 용기도 내야 했었지? 비닐봉지에 담아주겠다는 걸 거절하고 그냥 물건을 손에 들고 온 적도 있을 거야. 자꾸 하다 보면 이런 거절이 자연스럽고 당연해질 거고 아예 자주 거절해야 하는 일회용 플라스틱은 만들지 않는 세상이 오지 않을까?

두 번째는 Reduce. 줄이기야. 우리는 '필요'를 위해서라기보다 유행이라서, 예뻐서, 기능이 조금 더해져서, 선물 받아서, 1+1이라서 등등 많은 이유로 새로운 물건을 갖게 돼. 너희들도 마찬가지일거야. 연필, 지우개, 샤프, 색연필 같은 필기구를 몇 개나 갖고 있는지 셀 수나 있을까. 이런 낭비를 줄이기 위해 요즘은 정말 필요한 물건만 갖고 사는 '미니멀리즘'을 추구하는 사람도 생겼어. 필요한 물건만 갖기, 결국 쓰레기가 될 물건은 사지도 받지도 않기, 절대적인 물건의 가짓수와 양을 줄이는 거야. 이건 일회용이나 플라스틱이 아닌 제품, 친환경 제품에도 똑같이 적용해야 해. 이런 제품들은 대부분 더 많은 자원과 에너지를 소비하며 만들어지거든. 그러니 오래 사용해야 많은 자원과 에너지를 들인 보람이 있겠지.

세 번째는 Reuse. 재사용하기. 재사용한다는 말은 물건을 다시 사용하면서 사용기한을 늘리는 거야. 재활용과는 조금 다른 뜻이야. 재활용은 물건을 그대로 사용하는 게 아니라 여러 과정을 거쳐 원료로 이용한다는 말이야. 우리는 재활용이라는 말을 많이 쓰지만 재활용보다 우선시 해야 할 것은 재사용이야.

엄마랑 일본 여행 갔을 때 목욕탕에서 마셨던 우유 기억나? 작은 병에 알루미늄 덮개가 있던 그 우유는 마시고 나면 병을 수거함에 넣도록 되어 있었어. 재사용하는 우유병인 거지. 우리나라도 엄마가 어릴 적엔 이렇게 우유병을 재사용했었어. 우리나라에선 맥주와 소주, 청량음료 병들은 보증금 제도를 도입해 빈병을 가게에 반납해

189

수거된 유리병을 세척하고 있는 공장. 우리나라에선 소주병, 맥주병, 청량음료병 등이 공장에서 세척, 소독되어 다시 내용물이 담기는 형태로 수십 차례 재사용된다. 이렇게 재사용하는 유리병의 종류가 더 늘어나야 한다.

소비자들은 보증금을 돌려받고 업체는 병들을 수거해 소독해서 재사용해. 정책적으로 재사용을 도입하고 있는 사례야. 나에게 쓸모가 없어진 물건을 중고매장에 기증하거나 되파는 것도 재사용이야. 일회용품이 늘어나면서 재사용 문화가 점점 사라져가고 있어. 재활용보다는 재사용이 먼저라는 걸 꼭 기억해야 해.

고장 난 물건을 고쳐 쓰는 것도 재사용이야. 요즘은 물건을 수리해서 쓰는 것보다 새로 사서 쓰는 게 더 편하고 비용이 적게 들 때도

엄마의 환경수업

있지. 물건의 수명이 길지 않고 빠른 주기로 교체되어서 부품이 없어 못 고치기도 해. 이런 현상을 '의도적 진부화'라고 하는데 기업이 처음부터 물건의 수명을 단축시켜 놓고 사람들이 계속 새로운 상품을 사도록 유도하는 거지. 어떤 제품들은 고장이 나지 않았는데도 어느 횟수만큼 사용하고 나면 교체하라는 알람이 켜지도록 시스템이 되어 있기도 해. 그래서 기업의 의도적 진부화에 항의하며 소비자들이 수리할 수 있는 권리를 보장하라는 '수리권 운동'도 벌어지고 있어.

네 번째는 Recycle, 재활용이야. 거절하고 줄이고 재사용해도 나오는 쓰레기라면 재활용을 잘 해야겠지. 2020년 도쿄 올림픽 때 우리나라 선수들이 입었던 단복이 페트병을 원료로 만들어졌다는 거 알아? 페트병을 재활용해서 실을 뽑아 만든 옷이야. 대표적인 재활용 사례지. 우유팩은 천연펄프에 비닐코팅을 해서 만들어. 잘 씻어 말린 우유팩을 수거해 비닐을 분리하고 남은 종이로 화장지를 만들어. 우유팩이 화장지로 재활용되는 거야.

다섯 번째는 Rot, 썩히기야. 음식물이나 작은 나무조각, 휴지 등 썩는 거라면 매립장이나 소각장으로 갈 쓰레기봉투에 담지 말고 집에서 썩혀서 퇴비를 만드는 방법이야. 뭔가가 썩는다라고 하면 좀 부정적으로 들리는데, 썩는다는 건 분해되어 자연으로 돌아간다는 말이야. 나고 자라서 없어지는 모든 생명체의 순환을 따라가는 방식으로 쓰레기를 만들지 않는 거야. 플라스틱처럼 썩지 않고 자연에 계속 남는 게 그야말로 쓰레기야. 우리 집에서도 작은 통에 흙을 담고 채소나 과일껍질을 묻고 있잖아. 음식물 쓰레기봉투에 담았다면 한 봉지 가득 담겼을 양인데도 신기하게 흙더미에 묻은 지 일주일 정도 지나면 흔적도 없이 사라지는 거 봤지? 별다른 장치나 첨가물 없이 오직 흙과 미생물만으로 분해가 이뤄지는 이 과정이 너무 놀라워. 음식물 등 분해가능한 쓰레기를 스스로 처리한다면 전체 쓰레기의 양이 줄어서 매립을 위해 쓰일 땅과 에너지 그리고 자원을 줄일 수 있어.

쓰레기를 줄이는 5R 실천법 퀴즈

A~Z의 항목을 1~5 중 어디에 해당하는지 적으세요.

1. Refuse 거절하기 :

2. Reduce 줄이기 :

3. Reuse 재사용 :

4. Recycle 재활용 :

5. Rot 썩히기 :

Ⓐ 물건 오래 쓰기 Ⓑ 장바구니 사용하기 Ⓒ 불필요한 물건 사지 않기 Ⓓ 포장 거절하기 Ⓔ 고쳐 쓰기 Ⓕ 빨대 거절하기 Ⓖ 비닐봉지 거절하기 Ⓗ 퇴비함 만들기 Ⓘ 텀블러 사용하기 Ⓙ 분리배출 제대로 하기 Ⓚ 리필제품 사기 Ⓛ 생수 거절하기 Ⓜ 사은품 거절하기 Ⓝ 음식을 남기지 않기 Ⓞ 모든 용기 다시 쓰기 Ⓟ 과일 껍질째 먹기 Ⓠ 재활용 등급이 높은 물건 구입하기 Ⓡ 우리 동네 분리배출 방법 확인하기 Ⓢ 옷 물려 입기 Ⓣ 일회용품 사지 않기 Ⓤ 새 옷 덜 사기 Ⓥ 포장하지 않기 Ⓦ 학교에서 우유 먹고 팩 씻어 배출하기 Ⓧ 중고시장, 벼룩시장 이용하기 Ⓨ 물티슈 거절하기 Ⓩ 지렁이 화분 만들기

| 정답 |

1. Refuse 거절하기 : Ⓓ, Ⓕ, Ⓖ, Ⓛ, Ⓜ, Ⓨ

2. Reduce 줄이기 : Ⓐ, Ⓑ, Ⓒ, Ⓘ, Ⓚ, Ⓝ, Ⓟ, Ⓣ, Ⓤ, Ⓥ

3. Reuse 재사용 : Ⓔ, Ⓞ, Ⓢ, Ⓧ

4. Recycle 재활용 : Ⓙ, Ⓠ, Ⓡ, Ⓦ

5. Rot 썩히기 : Ⓗ, Ⓩ

쓰레기를 공부해야 하냐고? 당연하지. 쓰레기 문제가 심각한 요즘은 쓰레기에 대해 알아야 할 게 한두 가지가 아니야. 제일 먼저 알아야 할 것은 분리배출 방법이야. 지역마다 분리배출 방법이 조금씩 달라서 헷갈리기도 해. 지자체에서 정한 재활용품 분리배출 요일이나 품목, 방법 등이 적힌 전단지를 집에 잘 붙여 놓는 것도 좋은 방법이야.

공통적으로 적용되는 건 재활용품은 내용물 비우고, 물로 씻은 후 잘 말려서 '깨끗하게' 내놔야 한다는 거야. 뭘 이렇게까지 해야 하냐고? 우리가 내놓은 재활용품은 선별장으로 보내져. 거기에서 재활용이 가능한 품목을 종류별로 골라내야 하는데 대부분의 작업을 기계가 아니라 사람이 직접 손으로 해. 내가 내놓은 재활용품이 일하시는 분들이 손으로 다시 만져도 괜찮을 만큼 깨끗해야 하는 이유야. 그곳에서 일하시는 분들의 직업병 중에 하나가 손톱진균증이래. 오염된 재활용품의 곰팡이 때문에 생기는 병이야. 모두 장갑을 끼고 작업을 하지만 그래도 곰팡이에 감염되는 걸 막을 수는 없다고 해. 또한 오염된 재활용품은 질이 떨어지기 때문에 결국 쓰레기로 버려지게 돼.

그럼, 종류별로 어떻게 재활용품을 분리 배출해야 하는지 알아볼까?

먼저 종이. 청소년인 너희도 많이 쓰는 거지? 종이는 종이 상태로만 배출해야 한다는 걸 기억하면 돼. 스프링이나 스테이플러 심 같은 건 같이 배출하면 안 된다는 뜻이야. 양면이 모두 코팅된 종이는 재활용이 안 되니 쓰레기로 버려야 해. 이물질이 묻은 것도 당연히 안 되겠지. 영수증은 재활용이 안 되는 종이야.

우유팩 같은 종이팩은 종이로 배출하면 안 되고 잘 씻고 펼쳐서 말려 따로 배출해야 해. 종이팩은 대부분 FSC인증을 받은 고급펄프를 수입해서 만들어. FSC인증은 이 종이의 원료인 나무가 잘 관리된 숲에서 벌목했다는 걸 말해주는 거야. 한번 쓰고 버리기엔 아까운 종이로 따로 모아서 배출하면 다시 화장지로 재활용 돼. 학교에선 우유팩이 날마다 나오니 잘 모아서 화장지로 재활용되게 하면 좋겠지.

재활용품 선별장. 컨베이어벨트를 따라 이동하는 재활용품을 사람이 직접 품목별로 골라낸다. 이물질이 들어 있거나 더러운 건 재활용되지 않고 버려진다.

다음으로 유리를 살펴볼까. 유리병은 빈병보증금제도 대상인 유리병인지 아닌지를 봐야 해. 빈병보증금 표시가 있는 유리병은 재사용이 되서 마트에 가져가면 병에 표기된 금액만큼 돌려받을 수 있어. 재사용되는 병은 세척과정을 거쳐 다시 사용되지. 이 외에 분리배출되는 유리는 부서서 녹인 뒤 다시 유리로 만들어져. 우리나라에선 투명, 갈색, 녹색 유리병만 재활용 돼. 다른 색이 들어간 유리병은

197

분리배출을 해도 결국 선별장에서 쓰레기로 처리되거나 건설자재로 쓰이게 돼.

겉으로 봤을 땐 유리 같아 보이지만 재활용이 불가능한 것도 있어. 유리에 납을 넣어 만든 크리스탈과 유리 뒷면에 주석아말감을 붙여 만든 유리는 재활용이 되지 않아. 높은 열을 견디는 내열용기인 유리 냄비는 녹는점이 너무 높기 때문에 일반 유리와 섞이면 재활용을 오히려 방해하게 돼. 그래서 일반 쓰레기로 버려야 해.

알루미늄이나 철로 된 캔은 내용물을 잘 비우고 말려서 분리배출하면 돼. 발로 납작하게 밟을 필요는 없어. 그러면 오히려 선별장에서 손으로 집어내기 힘들어서 쓰레기가 될 확률이 높대. 플라스틱의 대안으로 알루미늄 캔을 고려하는 사람들도 있는데, 그건 알루미늄 캔이 다시 알루미늄 캔으로 재활용될 때나 괜찮은 방법이야. 알루미늄은 원료인 광석 보크사이트를 채굴해서 화학처리와 전기분해를 해서 만들어져. 이 과정에 많은 물과 전기를 쓰고 오염물질도 발생하기 때문에 환경문제를 일으키기도 해. 대신 알루미늄은 몇 번이나 재활용해도 품질이 떨어지지 않아서 재활용에 좋은 소재라고 해. 문제는 우리나라에서 생산하는 알루미늄 캔의 구성 성분이 제품마다 조금씩 다르고, 캔 안의 내용물이 다 비워지지 않았거나 이물질이 들어간 채 수거되어 실제 알루미늄 캔으로 재활용되는 비율이 매우 낮아. 그래서 여러 금속과 섞인 재생합금이나 철을 제련할 때 첨가하는 원료로 활용되고 있어. 그러니까 우리나라에서 알루미늄 캔은 일회용품에 가까워.

　알루미늄 캔을 제대로 재활용하려면 소비자들이 이물질 없이 깨끗한 상태로 배출해야 하고, 기업들은 알루미늄 캔의 품질관리를 잘하고 수거와 재활용에 적합한 생산 시스템을 만들어야 해.

　플라스틱을 분리배출하는 법은 지역마다, 시기에 따라 조금씩 다르기 때문에 우리 지역에선 어떤 방식으로 배출하는지 먼저 확인하는 게 좋아. 비닐은 비닐류로 따로 모아서 배출해야 해. 플라스틱은 PE, PP, PET, PS 재질표시가 있고 분리배출 표시가 있는 것만 배출하면 돼. 분리배출표시는 소비자가 분리배출하면 정부와 생산자가 재활용을 하겠다고 약속한 '생산자책임재활용제도'가 적용된 제품에만 붙어. 그런데 재질표시 중엔 OTHER라는 표시도 종종 있어 OTHER는 단일 재질이 아니라 여러 재질이 혼합된 복합재질로 만들어진 걸 말하는데 다른 물질로 재활용되지 않고 주로 소각해서 에너지로 쓰여. 엄밀히 말하면 제대로 된 재활용이라고 하긴 좀 어렵지. 그래도 분리배출표시가 되어 있다면 소비자들은 분리배출하는 게 맞아. 그리고 요즘은 투명 페트병만 따로 모으는 곳들도 늘어나고 있어. 이건 조금 더 자세히 설명할게.

　집에서 분리배출하는 재활용품 중 가장 많은 게 플라스틱인데, 실제로 플라스틱의 재활용율은 종이나 유리, 캔에 비해서 훨씬 낮

알맹상점에서는 우유팩, 멸균팩, 플라스틱 병뚜껑, 양파망, 크레파스, 실리콘, 커피찌꺼기 등을 모아 재활용하는 곳으로 보내는 '재활용 정거장'을 하고 있다. 버려지면 쓰레기지만 제대로 활용되면 소중한 자원이 된다.

아. 왜냐하면 우리가 분리배출을 해도 재질이 구별되지 않거나 너무 작아 손으로 골라낼 수 없는 것들은 선별장에서 그대로 쓰레기가 되거든. 카페에서 많이 쓰는 일회용 플라스틱 컵은 겉으로 봤을 땐 다 똑같아 보이지만 PET도 있고 PP도 있어서 선별장에서 구별해서 골

엄마의 환경수업

라내는 게 쉽지 않아. 일회용 플라스틱컵은 모두 PET 재질로만 만들도록 법으로 정해 놓은 나라도 있는데 우리나라도 이런 방식으로 법이 바뀌어야 재활용이 가능하겠지. 재활용이 안 되는 플라스틱도 많고 플라스틱 같아 보이지만 플라스틱이 아닌 것들도 있어. 추억의 분식집 그릇으로 많이 사용하는 멜라민 소재의 그릇은 재활용이 안 되는 플라스틱이고 실리콘은 플라스틱이 아니야.

마지막으로 가까운 곳의 제로웨이스트 가게에서 따로 모으는 재활용품이 있는지 살펴봐. 제로웨이스트 가게 중에는 재활용품 분리 배출 시스템에는 포함되지 않지만 제대로 모으기만 하면 재활용되는 것들을 모아 재활용하는 곳으로 직접 보내는 '재활용 정거장' 역할을 하는 곳들이 많아. 알맹상점에선 플라스틱 병뚜껑, 전선, 폐카트리지, 양파망, 크레파스, 실리콘, 커피찌꺼기를 모아 재활용 해. 알맹상점에 모인 커피찌꺼기는 농가로 보내져 퇴비가 되고 폐카트리지는 다시 제조되어서 새 상품이 돼. 양파망은 농민들에게 보내져 재사용되고 플라스틱 병뚜껑은 녹여 다양한 소품으로 만들고 있어.

투명 페트병이
귀해

#페트병 #오아시스서울 #PCR용기

투명 페트PET병을 따로 분리배출하는 지역이 늘어나고 있어. 투명 페트병은 주로 실로 만들어 옷감으로 재활용되는 귀한 원료야. 그동안 우리나라에서는 페트병을 일본에서 수입해왔어. 우리나라에서 수거된 페트병의 상태가 좋지 않았기 때문이야. 정부는 2020년부터 페트병 수입을 중단하고 투명 페트병만 따로 모아서 배출하도록 시스템을 갖춰 페트병 재활용율을 높이기로 했어.

페트병 중에서도 이렇게 재활용할 수 있는 건 색이 투명하고 물, 음료수, 식초, 간장 등 물로 헹궈 내용물이 쉽게 제거되는 액체류가 담겼던 것만 가능해. 라벨은 반드시 떼고, 찌그러트려 공기를 뺀 뒤 뚜껑은 잘 닫아서 배출해야 해.

좀 까다롭지? 과연 사람들이 이렇게 까다로운 분리배출을 제대

엄마의 환경수업

투명 페트병은 합성섬유를 만들거나 다시 페트병으로 만드는 원료로 재활용된다. 그동안 일본에서 수입한 투명 페트병으로 재활용해왔지만 이제는 우리나라에서 분리배출된 페트병으로 재활용하고 있다.

로 할 수 있을까 말하는 이들도 있고, 기껏 별도로 내놓은 투명 페트병이 재활용업체에 가면 다 섞여 버린다는 말도 있어. 제도가 시행된 지 얼마 되지 않아서 모르는 사람들이 많은 건 어쩌면 당연해. 그러니까 많이 알려야겠지. 왜 따로 배출해야 하는지도 잘 설명하고 말이야. 사람들의 노력이 헛되지 않도록 재활용 업체가 투명 페트병을 적극적으로 재활용할 수 있도록 하고 정부에서 적극적으로 지원하면 좋겠어.

투명 페트병으로 옷감을 만드는 것보다 더 높은 단계의 재활용은 페트병을 다시 페트병으로 만드는 거야. 이런 용기를 PCR^{post consumer recycle} 용기라고 해. 옷을 만들고 나면 끝이지만 다시 페트병으로 만들면 계속 자원이 순환되거든. 이렇게 자원을 계속 이용해 새로운 자원 추출과 폐기물을 줄이는 경제를 '순환경제'라고 해.

페트병을 재활용하는 것보다 더 좋은 건 아예 사용하지 않는 거야. 엄마는 페트병 사용을 줄이자는 걸 더 많이 강조하고 싶어. 가장 먼저 할 수 있는 게 뭘까? 페트병에 든 생수나 음료수를 먹지 않는 거야. 학교에서도 외출할 때도 여행할 때도 늘 마실 물을 담아서 다니는 거지.

서울에선 텀블러에 무료로 물을 제공해 주는 식당이나 카페를 알려주는 '오아시스 서울'이 있어. 언제나 텀블러가 함께하는 생활이 재활용보다 더 중요한 실천이라는 걸 기억해야 해.

 오아시스 서울 지도

엄마의 환경수업

엄마가 플라스틱을 사용하지 않는 이유는 쓰레기를 만들지 않으려는 것도 있지만 건강과 안전 때문이기도 해. 그래서 네가 어릴 때부터 엄마는 플라스틱을 대신할 제품들을 찾았어. 욕조부터 이유식 숟가락, 젖병, 빨대, 그릇, 장난감, 기저귀 등등 할 수 있는 건 모두 말이야. 엄마들의 필수품이라는 일회용 물티슈도 플라스틱이라서 거의 사용하지 않았어.

얼마 전 환경호르몬이 검출된 아기욕조 리콜 사태가 있었어. 한 생활용품매장에서 판매하던 건데 가성비가 좋아서 너도나도 구입했던 '국민 욕조'였대. 하루가 다르게 성장하는 아기가 환경호르몬에 노출되는 건 성인에 비해 문제가 더 심각해. 물론 청소년기인 너희도 마찬가지고.

환경호르몬의 정확한 이름은 '내분비계교란물질'EDCs, endocrine disrupting chemicals 이야. 호르몬은 우리 몸에서 만들어지는 건데, 외부의 화학물질이 몸 안으로 들어가 마치 호르몬처럼 작용한다고 해서 환경호르몬이라고 불러.

우리가 먹은 밥으로 에너지를 만들고 키가 크고 여성과 남성의 특징이 나타나는 건 모두 내분비계에서 만들어지는 호르몬이 그 기능을 담당하는 세포에게 전달하는 역할을 하고 있기 때문이야. 호르몬이 열쇠가 되어서 자물쇠인 특정 세포를 만나 열어주면 해당 세포의 기능이 활성화되는 방식으로 말야. 그런데 유해한 물질이 외부에서 우리 몸으로 들어와 마치 호르몬인 척 흉내를 내면 어떻게 될까? 아직 잠겨 있어야 할 세포를 활성화시켜 비정상적인 반응이 나타나겠지. 특히 화학물질에는 성호르몬의 흉내를 내는 게 많아. 그래서 어린 여자아이들에게 조기 2차 성징이 나타나게 하고 남자아이들에겐 정자 수가 줄어들게 하는 나쁜 영향을 미쳐.

맨 처음 이런 현상은 동물에게서부터 나타났어. 야생동물학자 테오 콜본은 미국 오대호의 새들을 조사하다가 이상한 현상을 계속 발견해. 어른 독수리들의 2/3가 짝짓기에 관심을 보이지 않고 제비갈매기들이 알을 낳고도 둥지를 돌보지 않아 암컷끼리 짝이 되어서 하나의 둥지에 함께 알을 낳는 거야. 악어가 낳은 알은 18%밖에 부화되지 않았어. 미국뿐만 아니라 영국, 덴마크, 캐나다 등 곳곳에서 이런 현상들이 보고되었어. 이상 현상을 보이는 동물들은 대부분 생식기 이상이나 생식기능이 손상되어 있었어. 이 조사연구를 통해 테오 콜본은 인간이 수십 년 동안 사용해 온 살충제인 디디티^{DDT,} $^{dichloro\ diphenyl\ trichloroethane,}$ 폴리염화비페닐$^{PCBs,\ polychlorinated\ biphenyl}$ 같은 화학물질이 극미량이라도 체내에 들어가면 내분비계를 교란하는 호르몬으로 작용한다는 걸 알게 되었어. 특히 성호르몬인 에스트로겐의 흉내를 내는 화학물질이 동물의 번식에 치명적인 영향을 주고 있었던 거야. 이대로 둔다면 멸종되는 종들이 생길 수밖에 없겠지. 그래서 테오 콜본은 동료들과 함께 『도둑맞은 미래』라는 책에 이 내용을 자세히 담았어.

제초제 성분인 디디티나 윤활유나 절연제로 사용되었던 폴리염화비페닐 같은 잔류성유기화학물질들의 문제가 알려진 이후에도 한동안 사람들은 플라스틱도 문제가 될 거라곤 짐작도 못했어.

1987년 보스턴 터프트 의과대학의 애나 소토 박사는 유방암 연구를 위해 플라스틱 시험관에 세포를 넣고 배양하는 실험을 했어. 어느 날 유방암 세포가 이전과 다르게 많이 늘어나는 걸 발견해. 갑자기 왜 이런 일이 일어났는지를 4개월 넘게 조사한 결과 실험에 사용된 플라스틱 시험관을 만드는 과정에서 새로운 물질을 첨가했기 때문이었어. 새로 첨가된 물질은 노닐페놀로 대표적인 환경호르몬이야. 이 사건을 계기로 비활성상태에서는 무독성인 줄 알았던 플라

207

스틱 용기에서도 환경호르몬이 나온다는 사실이 알려지게 되었어. 폴리카보네이트로 만든 아기들의 젖병과 금속 캔의 내부를 코팅한 플라스틱 내막에서 환경호르몬인 비스페놀A가 검출된 것도 그 즈음이었어. 그동안 편하고 값싸게 사용해왔던 플라스틱 제품이 우리의 건강과 생존을 위협하고 있다는 사실이 알려지기 시작한 거야.

엄마가 플라스틱으로 만들어진 그릇과 컵, 장난감 등을 피했던 이유를 알겠지? 환경호르몬이 나오지 않는 제품이라고 다 안전한 건 아니야. 아직 우리가 모르거나 현재 기술로는 검출되지 않는 환경호르몬이 뒤늦게 확인될 수도 있고. 처음엔 괜찮지만 계속 사용하면서 생기는 흠집이나 열에 노출되면서 환경호르몬이 나올 수도 있으니 주의해야 해.

피해야 할 생활 속 환경호르몬

종류	함유제품	유발질환
프탈레이트 (가소제류)	어린이용 장남감, 세제, 바닥재, 빨대, 향수, 매니큐어	주의력 결핍 및 두뇌발달저해, 과잉행동유발
비스페놀A (방부제,코팅제류)	물병, 병마개, CD, 캔 내부, 플라스틱 용기	아토피, 천식질환, 성조숙증, 발달장애, 비만, 암유발
납 (중금속류)	고무매트, 놀이시설, 페인트, 크레파스, 장난감, 장신구	복부불편, 변비, 근육쇠약, 고관절통, 권태감, 불면증
카드뮴 (중금속류)	전자제품, 플라스틱, 장신구, 담배 연기	기침, 흉부 이상감, 호흡 곤란, 구토, 호르몬 이상, 조산, 저체중아
수은 (중금속류)	형광등, 전기스위치, 건전지, 치과용 아말감, 페인트	발열, 오한, 구토, 호흡곤란, 불면, 신경반응 변화, 인지기능 장애
파라벤 (보존/방부제류)	방부제, 샴푸, 린스, 로션, 욕실용품	성호르몬 교란, 유방암 유발, 전립선 장애
트리클로산 (항균제류)	비누, 액체비누, 치약, 데오드란트, 세제	성호르몬 이상, 갑상선호르몬 이상
PFOS/PFOA (과불화화합물류)	코팅종이, 포장용지, 프라이팬, 방화제, 계면활성제, 살충제, 보온재, 일회용 종이컵	뇌, 신경기능 악화, 면역력 악화, 지능발달에 악영향, 콜레스테롤수치 상승
브롬화난연제류 (난연제류)	플라스틱, 전자회로소자, 전자제품, 페인트, 소파, 메트리스	정자 감소, 암유발, 갑상선호르몬 기능저하
페메트린 (살충제류)	살충제	피부발진, 염증, 마비, 호흡곤란, 알레르기 반응

출처: 헬스경향

오래 쓰고 덜 쓰자

#썩지않는_플라스틱 #미세플라스틱 #플라스틱시대

우리 집에 있는 놋그릇은 증조할머니가 결혼할 때 혼수로 가져오신 것들이야. 일제강점기 때 일본군이 무기를 만들려고 집마다 뒤져서 온갖 쇠붙이를 빼앗아 가서 거의 남은 게 없었는데 그나마 작은 그릇 몇 개는 감출 수 있었대. 그걸 할아버지 때부터 사용했으니 이제 100년이 더 된 그릇이지. 삼대에 걸쳐 한 세기 동안 사용해도 모양이 그대로이고 안전한 물건, 시간이 지날수록 더 값지게 보이는 물건, 너무 멋지지 않아?

옛날에는 철, 나무, 유리 같은 소재로 물건을 만들어서 공력과 시간이 오래 걸렸어. 그만큼 물건의 가치가 높고 귀했지. 그러다 플라스틱으로 쉽게 물건을 만들기 시작하면서 지금 우리는 지나치게 많은 물건을 사용하고 있어. 우리가 일 년 동안 소비하는 물건의 개수는 100년 전 사람이 평생 동안 사용했던 물건보다도 많을 거야.

빗을 한번 볼까? 플라스틱이 등장하기 전까지 빗은 나무, 동물 뼈나 뿔, 거북이 등껍질을 깎아서 만들었어. 귀하고 고급스런 사치품이었지. 1906년에 발표된 오 헨리의 유명한 단편소설 '크리스마스 선물'에 가난한 부부가 나오는데, 아내는 남편의 유일한 귀중품인 시계에 어울리는 시곗줄을 선물하기 위해 긴 머리카락을 잘라 팔고, 남편은 아내의 긴 머리에 어울리는 빗을 선물하기 위해 시계를 팔아. 빗이 도대체 얼마 길래 시계 값과 맞먹었을까? 그런데 플라스틱 빗이 세상에 나오고 빗은 정말 흔한 물건이 되었지.

값이 싸고 운반하기 쉽고 유리에 비해 잘 깨지지 않고, 철에 비해 어떤 형태로든 만들기 쉽고 얼마든지 단단하게 또 반대로 부드럽게 만들 수 있는 만능 소재가 바로 플라스틱이야. 1979년에 이미 플라스틱의 생산량이 철강의 생산량을 넘어섰고 2020년에는 7배가 넘는다고 하니까 석기 시대, 청동기 시대, 철기 시대에 이어 이젠 플라스틱 시대라고 해야 할 것 같아. 플라스틱이 사용되지 않는 곳을 찾아보기도 힘들어. 생활에서 접하는 플라스틱 그릇이나 포장재 말고도 건축, 건설, 도로, 의료, 자동차, 항공, 전자, 의류산업 등 모든 산업에서 플라스틱은 중요한 재료로 쓰이고 있어.

미국의 플라스틱 제조업자들의 단체인 플라스틱산업plasticindustry.org의 홈페이지에 실린 '플라스틱의 힘'이라는 글은 '플라스틱보다 더 많은 기능을 할 다른 재료를 생각할 수 있나요?'라는 문장으로 시작해. 이미 플라스틱이 아닌 다른 것을 선택하기 어려운 시대를 그대로 보여주는 글인 것 같아. 다른 걸 생각해 볼 수 없을 만큼 이 시대는 플라스틱이 만들어 낸 문명이야. 하지만 이런 현실을 그대로 받아들일 수는 없어. 플라스틱 폐기물, 플라스틱의 독성, 미세플라스틱, 플라스틱 산업의 온실가스 배출 등으로 인한 문제점들은 해결되지 않은 채 고스란히 남아 있거든. 그래서 우리는 계속 플라스틱이 아닌 다른 대안을 고민해야 해.

스스로 선택할 수 없는 부분은 어쩔 수 없더라도 대체가 가능한 물건부터 바꿔보면 어떨까. 오래 사용해도 환경호르몬과 미세플라스틱을 걱정을 하지 않아도 되는 물건, 다 쓰고 버려도 자연으로 돌아가는 물건, 재활용이 쉬운 물건을 선택하는 거지. 값이 더 나가거나 불편할 수도 있겠지만 플라스틱 때문에 생기는 심각한 문제들을 생각하면 기꺼이 감수해야겠지.

쓰레기 문제도 정말 심각해. 재활용한다고 하지만 우리나라에서 재활용되는 플라스틱 재질은 다섯 종밖에 되지 않아. 나머지 플라스틱들은 모조리 매립되거나 소각돼. 매립장에 묻힌 플라스틱은 어떻게 될까? 사실 플라스틱이 썩어 없어질지 아닐지 우리는 알 수 없어. 플라스틱이 우리의 일상용품이 된 지 아직 100년도 채 되지 않았으니까. 썩는데 500년이다, 600백년이다 하는 말은 모두 가정이지, 아

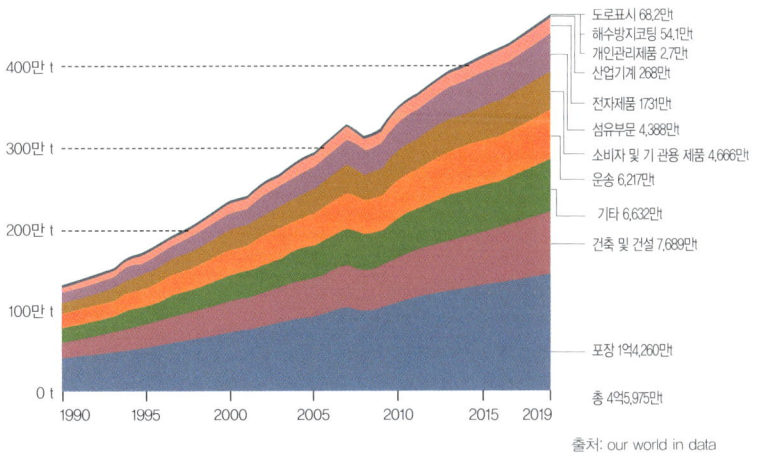

산업부문별 세계1차 플라스틱 생산량

도로표시 68.2만t
해수방지코팅 54.1만t
개인관리제품 2.7만t
산업기계 268만t
전자제품 1731만t
섬유부문 4,388만t
소비자 및 기 관용 제품 4,666만t
운송 6,217만t
기타 6,632만t
건축 및 건설 7,689만t
포장 1억4,260만t
총 4억5,975만t

출처: our world in data

2019년 전 세계의 플라스틱 생산량 4억 5천 975만t 중 30%인 1억 4천 260만t이 포장재에 쓰이고 있다. 낱개 포장, 이중 포장, 과대 포장 같은 불필요한 포장만이라도 줄이면 플라스틱 생산이 줄어들 수 있다.

직은 몰라. 유리와 철도 썩지 않지만 이 물건들은 주변에 다른 영향을 주지 않는 물건들이야. 녹여서 다른 물건으로 재활용하는 과정에서도 거의 유해물질이 나오지 않아. 그런데 플라스틱은 달라. 썩는다는 건 다시 흙으로 돌아간다는 뜻인데, 플라스틱은 시간이 지나면 썩는 게 아니라 미세플라스틱으로 잘게 쪼개져 자연과 모든 생물에 해가 되거든.

엄마가 어렸을 때 할머니는 반찬가게를 하셨어. 그때 네 증조외할아버지는 우리 집에 오시면 계시는 동안 외할머니가 모아 둔 종이로 봉지를 접어 주셨지. 크고 작은 종이에 밀가루 풀을 발라 깔끔하게 접힌 종이봉지에 감자, 양파, 콩, 마늘, 달걀을 담아 팔았어. 두부, 콩나물, 삶은 시래기 같은 물기 있는 걸 사 가는 손님들은 꼭 바가지를 들고 왔어. 그러다 엄마가 청소년이 될 즈음부터는 외할아버지도 더 이상 종이봉지를 접지 않으셨고 가게엔 늘 비닐봉지가 걸려 있었던 것 같아. 바가지를 들고 두부를 사러 오는 손님들도 없어졌지.

1950년대에 처음 비닐봉지가 세상에 나왔을 때 젖지 않고 투명하게 내용물을 볼 수 있어서 다들 좋아했지만 비닐봉지를 뒤집어 쓴 아이들이 질식하는 사고가 종종 생기며 사람들이 비닐봉지를 꺼려

마트에서 장을 보면 물건을 산 건지, 포장지를 산 건지 헷갈릴 만큼 포장쓰레기가 많이 나온다. 시민들은 생산과 유통 단계에서부터 쓰레기를 줄일 것을 기업에 요구하며 대형마트 앞에서 '플라스틱 어택'을 진행했다.

했대. 그러다 1962년 손잡이가 달린 티셔츠 모양의 비닐봉지가 스웨덴에서 개발되면서 대중화되기 시작했어. 그후 일반적으로 많이 사용하게 된 건 1970년대 미국에서부터야. 손잡이가 있는 비닐봉지를 대형 슈퍼마켓에 적극적으로 보급하면서 전 세계로 퍼지게 돼. 종이봉지보다 싸고 가볍고 튼튼해서 물건을 더 많이 담아 갈 수 있으니 슈퍼마켓도 대환영이었지. 처음엔 종이봉지보다 더 튼튼해서

215

여러 번 사용할 수 있는 다회용이었어. 하지만 사람들은 공짜로 나눠주니 아껴 쓸 이유가 없다는 걸 알게 되어 일회용이 되었지.

이제 비닐봉지는 플라스틱 쓰레기를 줄이기 위해 가장 먼저 없애야 하는 것으로 손꼽히고 있어. 우리나라뿐만 아니라 여러 나라에서 비닐봉지를 공짜로 나눠주는 걸 금지하고 있거나 아예 전면적으로 사용을 못하게 한 나라도 있어. 방글라데시, 케냐, 르완다처럼 쓰레기 처리나 재활용 시스템이 잘 갖춰지지 않은 나라에선 비닐봉지가 홍수나 태풍 때 수로를 막아 범람을 일으키는 심각한 원인이 되기도 해서 아예 사용을 못하게 했어. 바다로 흘러 들어간 비닐봉지는 고래나 물고기들이 해파리로 오해하고 삼키기에 딱 좋은 모양이야. 매립장으로 간 비닐봉지는 수백 년 동안 썩지 않는 화석이 되지. 분해된다 해도 흙으로 돌아가는 진짜 분해가 아니라 미세플라스틱으로 잘게 쪼개지는 상태가 되는 거야.

종이봉지는 나무를 베어 만들고 비닐봉지보다 무거워서 운반하는 과정에서 더 많은 온실가스를 배출하기 때문에 비닐봉지를 사용하는 게 더 친환경적이라고 말하는 사람도 있어. 그러나 비닐봉지가 강이나 바다로 흘러 들어가 일으키는 문제들까지 고려하면 절대로 친환경적이라고 할 수 없어.

그래서 비닐이냐 종이냐보다 더 중요한 건 '일회용'이냐 아니냐 하는 문제야. 비닐봉지를 금지시켰더니, 종이봉지 사용이 늘어난다면 곤란해. 비닐봉지를 사용하지 말자는 건 얼마든지 '장바구니'라는 대안이 있기 때문이고 종이봉지는 대안이 아니야. 그래서 비닐봉지도, 종이봉지도 '일회용'으로 쓰고 버리는 습관에 대해 먼저 생각해야 해. 나무를 베어 얻은 귀한 펄프로 만든 종이봉지도, 석유 추출물로 만든 비닐봉지도 모두 소중한 자원으로 얻은 물건이야. 한번 쓰고 버린다면 둘 다 환경에 부담을 주거든.

요즘은 가게에서 늘 비닐봉지를 살 거냐고 묻잖아. 엄마는 이 질문이 많은 것을 바꿀 거라고 생각해. 지금은 비닐봉지에 물건을 담아서 들고 다니는 게 전혀 이상하지 않잖아. 그런데 비닐봉지를 안 쓰는 게 환경에 이롭다는 걸 알고 있는 문화로 바뀐다면 가게에서 산 물건을 장바구니에 담거나 그냥 손에 들고 다니는 게 자연스럽게 보이지 않을까.

생산된 플라스틱의 30%는 포장재로 쓰이고 있어. 전자제품이나 승용차, 건축자재 등에 쓰이는 플라스틱은 개인이 어쩔 수 없지만 포장재만큼은 바꿀 수 있겠지. 무포장 제품, 리필제품을 고르는 것 같은 방법으로 말이야. 이런 선택을 적극적으로 실천하는 사람들이 있어.

비닐봉지 안에 또 비닐로 한 개씩 포장되어 있는 과자를 보면 기분이 어때? 과자를 샀는지, 포장지를 샀는지 모를 정도야. 우리는 알맹이만 있으면 되는데 껍데기가 이렇게 많이 나오니, 쓰레기 문제가 심각할 수밖에 없지. 아무리 기업들에게 과대포장을 하지 말아달라고 해도 기업은 보관이나 유통 때문에 어쩔 수 없다고 해. 포장지 안에 있는 플라스틱 접시, 통조림의 플라스틱 뚜껑, 봉지 안에 또 낱개 포장한 과자, 박스 안에 개별 포장한 과일 같은 건 지나친 포장이야.

서울 마포구에 위치한 알맹상점. 제로웨이스트 가게에는 플라스틱이나 일회용품의 대안이 되는 물건, 업싸이클링 물건들을 판다. 세제나 샴푸 같은 걸 원하는 만큼 내 용기에 담아가는 리필스테이션도 운영하고 있다. 알맹상점에선 샤프심도 리필 할 수 있다.

물건을 살 때마다 사려는 물건보다 더 많은 포장지를 가져와야 하는 걸 참다못한 사람들은 '플라스틱 어택'을 벌이기도 해. 플라스틱 어택은 시민들이 기업에게 포장재를 줄이라고 요구하며 해당 기업의 플라스틱 쓰레기를 모아 가져다주는 행동이야.

보다 적극적으로 포장 비닐과 쓰레기를 줄이려는 사람들이 제로웨이스트 가게를 이용하기도 해. 우리 동네의 제로웨이스트 가게 '알맹상점'에서는 대나무칫솔, 고체치약, 천연수세미, 스텐빨대, 다회용 화장솜, 다회용 용기 등 일회용이나 플라스틱의 대안용품을 팔아. 또 차, 커피, 양념, 시리얼, 곡물, 올리브오일, 견과류, 세제 등을 용기를 들고 가 원하는 만큼 '알맹이'만 담아올 수도 있어. 스킨, 로션, 샴푸, 컨디셔너 같은 화장품도 가져간 용기에 담아 살 수 있지. 많은 제로웨이스트가게는 '재활용 정거장' 역할도 하고 있어. 재활용 선별장에서 분류하기 어려운 것들을 모아 재활용 혹은 재사용이 가능한 곳으로 보내는 거야. 제로웨이스트가게의 손님들은 20대가 많아. 어릴 때부터 환경교육을 받아온 20대가 제로웨이스트를 문화로 받아들이는 것 같아 너무 기뻐.

해외에 가면 대형마트에서도 곡물, 커피, 꿀, 사탕, 설탕, 향신료, 과자, 기름, 세제 등 여러 생필품을 포장재 없이 가져온 용기에 담아가는 리필 코너들이 있는데. 우리 주변에서는 찾아보기가 어려웠는데 알맹상점 같은 가게가 생기기 시작해 다행이야. 우리나라에선 여러 규제 때문에 리필코너를 만드는 게 어렵다고 해. 쓰레기 문제가 심각한 만큼 시대에 맞는 새로운 제도가 필요하지 않을까. 가까운 마트 어디서나 내가 사고 싶은 만큼, 포장재 없이 알맹이만 사 갈 수 있도록 말이야.

전국 제로웨이스트숍/리필/재활용 가게 지도

일회용 생리대의 대안

#월경권 #대안생리대 #면생리대 #생리팬티 #생리컵

엄마는 자라면서 일회용 생리대 말고 다른 건 본 적도 떠올려 본 적도 없어. 아마 네 친구들 중에서도 엄마처럼 월경용품은 일회용 생리대만 아는 친구들이 많을 거야. 너는 일회용 생리대도 쓰지만 주로 생리팬티를 입고 면생리대를 사용하잖아. 엄마가 사용하는 생리컵도 봐서 알고 있지?

엄마는 환경단체에서 일하면서 처음 '면생리대'라는 걸 알았어. 일회용 생리대가 전부가 아니라 천기저귀처럼 면으로 만든 천생리대가 있고, 내가 직접 만들어 쓸 수도 있다는 걸 어른이 되고서야 안 거야. 바느질 하는 걸 좋아하는 엄마는 처음 면생리대를 만들어 보고는 너무 재밌어서 수십 개를 만들어 엄마도 쓰고, 선물도 하고, 여기저기에서 만드는 방법을 알려주기도 했었어. 심지어 여행으로 간

라오스에서도 한국에서부터 면과 반짓고리를 준비해서 지역 청소년 단체를 찾아가 면생리대 만드는 법을 알려줬었어.

그렇게 만든 면생리대를 사용하면서 바뀐 게 한두 가지가 아니야. 일회용 생리대를 사용하면 자주 생리대를 바꿔도 가렵고 냄새가 났거든. 그런데 면생리대를 사용하자마자 그런 게 모두 사라졌어. 생리통이 심했던 사람들은 면생리대를 사용하면서부터 대부분 생리통이 줄어드는 걸 경험했다고 해.

생리에 대한 생각도 많이 바뀌었어. 피가 묻은 생리대를 빨면서 내 몸에서 나온 이 피를 왜 더럽다고 생각했을까, 왜 숨겨야 한다고 생각했을까 되묻게 되었어. 면생리대를 하면서부터 피가 샐까 봐 걱정하기보다 새면 어때? 하는 당당함도 생기더라고.

2000년대 초반부터 환경단체들의 야외 행사가 있는 곳에선 늘 생리대 만드는 워크숍이 열리곤 했는데, 생리에 관한 이야기를 열린 공간에서 여러 사람들과 하면서 부끄러움과 감춰야 한다는 마음이 어느 순간 사라졌던 것 같아. 그러면서 엄마는 아이가 태어나면 꼭 천기저귀를 사용해야겠다고 마음먹었어.

일회용 생리대와 면생리대가 이렇게 다르다는 걸 엄마가 겪고 보니 힘들더라도 천기저귀를 선택할 수밖에 없겠더라고. 네가 태어나고 20여 개월을 사용했던 그 천기저귀를 엄마는 지금까지 보관해왔어. 왜냐고? 얼마 전 네가 사용한 면생리대. 그게 바로 네가 아기

제조사	공개한 성분(원료)	성분 공개 평가
A사	폴리에칠렌 필름, 부직포(폴리에칠렌/폴리프로필렌섬유), 색소(청색404호, 황색401호), 부직포(우드셀룰로오스섬유, 폴리에칠렌섬유, 폴리프로필렌섬유, 폴리에스터섬유, 비닐아세테이트/에틸렌코폴리머), 면상펄프(우드셀룰로오스섬유), 흡수지(우드셀룰로오스섬유), 색소(녹색202호), 폴리에칠렌 필름 등	비교적 우수
B사	부직포, 면상펄프	개선이 필요
C사	폴리에칠렌필름, 면상펄프, 부직포, 흡수지	많은 개선이 필요

출처: 여성환경연대, 2017년

때 썼던 천기저귀로 만든 거야. 엄마는 네가 생리를 시작했다는 사실에도 좀 무덤덤했는데, 그 기저귀를 꺼내 면생리대로 만들면서 비로소 엄마의 아기가 이렇게 컸구나 생각하니 마음이 뭉클했어. 기저귀를 서랍에 보관해 둘 땐 네가 이 천을 생리대로 사용할 날이 언제나 올까 했는데 말이야.

몇 년 전부터 팬티에 흡수층을 덧대고 방수기능을 갖춘 생리팬티가 나오기 시작했어. 10대인 너희들에겐 이 제품도 좋은 것 같아. 면 생리대나 생리팬티, 생리컵 같은 제품을 사용하려면 먼저 깨끗한 물이 있어야 해. 물이 깨끗하지 않거나 충분하지 않은 곳에선 빨거나 씻어 쓰는 제품들을 위생적으로 관리할 수 없기 때문이야. 그리고 몸이 불편하거나 장애가 있는 여성들은 일회용 생리대를 사용할 수밖에 없다는 것도 이해해야겠지.

여전히 대다수의 여성들은 일회용 생리대를 사용하고 있고 어떤 이들에겐 일회용 생리대말고 다른 선택지가 없을 수도 있어. 그래서 안전한 일회용 생리대를 누구나 쉽게 선택할 수 있도록 만드는 건 무엇보다 중요한 일이야.

마트에 가 보면 깜짝 놀랄 만큼 다양한 종류의 일회용 생리대가 있어. 인터넷에서 파는 제품까지 포함하면 그 종류를 셀 수가 없을 정도로 많아. 우리가 안심하고 일회용 생리대를 사용하기 위해서는 정부가 생리대 안전기준을 만들고 기업이 그 기준에 맞게 안전한 생리대를 만들어야 해. 그래서 정부의 허가를 받고 판매하는 제품은 값이 싸든 비싸든 모두 믿고 살 수 있어야겠지.

'안전'을 강조하는 생리대 광고를 보면 유기농이나 순면 같은 단어를 많이 보게 되는데 생리대의 일부에만 유기농 면을 쓴 걸 마치 전체가 다 유기농 면제품인 것처럼 광고하는 경우도 있어. 안전하다는 이유로 비싸게 직구했던 유기농 생리대의 안전성이 사실은 허위광고였던 게 밝혀져 사람들에게 충격을 주기도 했었어.

안전한 생리대를 고르려면 생리대 포장지에 있는 '전성분 표시'를 확인해 봐야 해. 인공적인 향이 첨가되지 않은 무향료 제품이어야 하고, 표지, 흡수체, 접착제에 화학물질이 적게 들어간 생리대인지 확인해야 해. 피부에 바로 닿는 표지가 순면으로 된 제품, 플라스틱 수지가 아닌 펄프나 솜으로 된 흡수체, 접착제가 최소한으로 있는 제품 그러니까 날개가 없는 제품이 더 좋겠지. 표백이나 염색을 하지 않은 제품이 상대적으로 안전해.

하지만 깨알같이 적힌 전성분을 모두 비교해서 고른다는 게 쉽지 않고, 갑자기 생리대를 사야 하는 경우엔 그럴 겨를도 없지. 그래서 다시 한 번 강조하면 시장에서 판매되는 모든 생리대가 안전한 생리대가 되도록 제도를 만드는 게 가장 중요한 일이야.

일회용 생리대를 고르는 7가지 방법

1. 무향이 아니라 무향료 제품을 고른다.

2. 가능하면 날개가 없는 제품을 고른다.

3. 커버와 흡수체에 유기농 면이나 펄프를 사용한 제품을 고른다.

4. 흡수력이 낮더라도 화학 흡수체를 적게 사용한 제품을 골라 자주 교체한다.

5. 표백하지 않은 제품을 고른다.

6. 가려움 등 부작용이 생기면 사용을 중지하고 다른 제품으로 교체한다.

7. 일회용 생리대를 사용하기 전 비닐포장을 제거한 후 따뜻한 곳에 30분 정도 두어 휘발성유기화합물이 날아가도록 한다.

▶ 출처: 여성환경연대, 루나컵

※가능하면 면생리대 같은 다회용 생리용품을 사용하는 게 좋고 일회용 생리대는 꼭 필요할 때만 사용하자.

엄마의 환경수업

지구별의
착한 여행자

비행기를 타지 않는 사람들

#비행수치심 #플뤼그스캄 #탁쉬크리트 #그레타툰베리

너는 어느 곳을 여행하고 싶니? 엄마도 가 보고 싶은 나라가 많아. 빨간머리 앤의 집이 있는 캐나다 그린게이블스도 가고 싶고, 너희가 열광하는 해리포터의 영국에도 가 보고 싶고, 바다거북을 보러 하와 이도 가고 싶어.

그런데 이제는 해외여행을 자주 할 수 없을 것 같아. 여행이 취미 였던 친구들도 이제는 여행을 계획할 때 더 많이 고민해야 될 것 같 다고 해. '비행기' 때문에 말야.

2019년, 스웨덴 정부는 1월부터 4월까지의 비행기 이용객이 전 년 같은 기간 대비 8%나 줄었다고 발표했어. 4월엔 15%까지 줄었 지. 바로 스웨덴 사회의 새 유행어 '플뤼그스캄'flygskam 때문이었어. 플뤼그스캄은 '비행기 여행의 부끄러움'을 뜻하는 신조어야. 이 말은 스웨덴의 가수이자 환경활동가인 스테판 린드베리가 2017년에 비행기 여행 반대 선언을 하면서 사용하기 시작했어. 스웨덴의 동계 올림픽 금메달리스트인 비요른 페리, 기후활동가 그레타 툰베리, 그리고 툰베리의 엄마이자 오페라 가수인 말레나 에르만 등이 이 선언을 지지하면서 비행기를 타지 않는 사회적인 분위기가 만들어진 거야. 비행기 대신 기차여행을 권하고 그에 대한 자부심을 뜻하는 '탁쉬크리트'tagskryt 라는 새로운 단어도 만들어졌지.

스웨덴에서 비행기 여행을 반대하는 운동이 확산된 배경엔 2018년 북유럽을 강타한 여름철 폭염이 있어. 북유럽은 한여름에도 22℃ 내외의 서늘한 날씨였는데, 2018년 7월 스웨덴은 34℃까지 기온이 올라갔어. 그래서 스웨덴에서 가장 높은 케브네카이세 산의 만년설이 녹아 최고봉의 높이를 수정해야 했지.

북유럽은 추운 나라라서 집을 지을 때 추위를 대비하기 위해 단열과 보온은 중요시하지만 더위에 대한 고려는 별로 하지 않아서 에어컨은 물론 선풍기도 없이 지내는 집이 많아. 공공시설도 마찬가지야. 그래서 몹시 더웠던 2018년 여름 스웨덴 사람들이 기후위기의 심각성을 몸으로 느꼈던 거야.

그레타 툰베리는 유럽 전역을 순회하는 모든 일정을 기차로만 다녔고 2019년 9월 미국에서 열리는 기후정상회의 참석을 위해 태양광전기를 이용한 보트를 타고 15일 동안 대서양을 건너기도 했어.

유럽환경청에 따르면 1km 이동하는데 비행기는 이산화탄소를 285g을 배출하는데 이 양은 버스의 4배, 열차의 20배로 압도적으로 높아. 그래서 유럽에선 비행기의 국내선 이용을 줄이는 정책을 펴고 있어. 프랑스는 고속열차로 2시간 30분 이내, 오스트리아는 3시간 이내 거리의 국내선 운항을 금지시켰고 스웨덴에서는 세 번째로 큰 공항을 폐쇄하기로 했어.

한편 우리 정부는 앞으로 10개의 공항을 더 짓겠다고 발표했어. 현재 제주도를 제외한 모든 국내 공항이 적자인데도 말이야. 추가로 짓겠다고 발표한 제주도, 백령도, 흑산도, 울릉도, 새만금, 가덕도, 대구 등에 공항이 꼭 필요한 걸까. 이미 발달된 도로와 기차로 전국이 일일 생활권에 접어든 지 오래야. 기후위기 대응을 위해 비행기 여행을 줄이고 재생에너지를 사용하는 노력에 우리도 함께 해야 하지 않을까.

어떤 여행을 해야 할까?

#그린워싱 #대안여행 #오버투어리즘

어른들은 지금까지 실컷 여기저기 다녀 놓고 이제 와서 비행기를 타지 말자 이야기하는 거, 너희들에게 참 불공평한 일이지. 석탄, 석유, 일회용품을 마음껏 쓰면서 기후위기 상태를 만들어 놓고는 이제 와서 이것도 하지 마라, 저것도 하지 마라고 하니 엄마는 너희에게 정말 부끄럽고 미안해.

여행만큼 큰 경험이 없지. 어떤 경우엔 아예 삶의 방향을 바꿔 놓기도 하거든. 특히 다른 나라를 여행하는 건 새로운 문화를 보고 들을 수 있는 좋은 기회이고 낯선 언어와 환경에서 오롯이 나에게 집중하고 돌아볼 수 있는 귀한 시간이지. 그런 기회를 너희들에게 뺏는 것 같아 정말 미안해.

엄마가 환경운동가가 된 것도 순전히 여행 때문이었어. 엄마가

스물네 살 때 인도의 라다크 지역을 여행했거든. 그곳은 인도 북부 히말라야 기슭 해발 3천 5백m의 고산지역이고 티벳 불교를 믿으며 우리와 생김새가 비슷한 이들이 사는 곳이야. 겨울이 되면 눈이 쌓여 육로로는 들어갈 수도 없는 외딴 곳이고 나무도 풀도 잘 자라지 않는 척박한 곳이지. 그런 만큼 자연과 전통이 잘 보존된 곳이기도 했어. 라다크의 수도 '레'에 머물 때 마을 여기저기를 둘러보다 커다란 구덩이로 만들어진 쓰레기매립장을 보게 되었어. 당시 라다크엔 대형슈퍼마켓이나 매연을 내뿜는 트라이씨클도 없었어. 그러나 이미 변화는 시작되고 있었던 거야.

엄마는 그 모습이 좀 충격이었어. 서울에 난지도 매립장이 만들어질 때도 바로 이런 모습이었겠구나 하고 말이야. 라다크의 매립장도 곧 산을 이루게 될 거라는 생각을 하니 속상하더라고. 그리고 히말라야 기슭에서 트래킹을 하다가 보았던 쓰레기들이 아직도 생각나. 여행에서 돌아와 엄마는 환경단체에 들어가게 되었어.

다른 대륙에 사는 사람들은 여러 나라가 육로로 연결되어 있어 차나 기차로도 국경을 넘을 수 있지만 우리나라처럼 남북이 분단되어 섬이나 다를 바가 없는 나라에선 비행기를 타지 않는다는 건 곧 해외엔 안 가겠다는 걸 의미해. 그래서 엄마는 그레타 툰베리나 스웨덴 사람들처럼 앞으로 비행기 여행을 하지 않겠다고 결심하진 못할 것 같아.

20대에 떠났던 라다크로의 여행은 인생의 전환점이 되었다. 여행 후 나는 환경운동가가 되기로 결심했다.

다만 비행기 티켓 값이 싸다고, 연휴가 길다고, 싼 패키지가 나왔다고 해외여행을 하지는 말아야겠지. 탄소를 배출하면서 가는 여행인 만큼 신중하게 결정할 거야. 그리고 육로로 이동할 수 있다면 비행기를 타지는 않을 거야. 행사나 회의에 참석하기 위해 해외에 가던 것도 가능하면 온라인으로 대체하려고 해.

유엔세계관광기구UNWMTO에 의하면 2019년 세계 관광 산업의 규모는 9조 2천억 달러로 세계 GDP의 10.4%나 차지해. 2019년에만 해외여행자가 14억 5천 9백만 명으로 세계 인구의 18%가 다른

엄마의 환경수업

나라로 여행을 하고 있어. 2000년에 6억 9천 8백만 명이던 해외여행자가 20년 사이 두 배 넘게 늘어났어. 관광 산업은 제조업과는 달리 '굴뚝 없는 산업'으로 환경에 부담을 주는 산업이 아니라고 여겨왔는데 실상은 좀 다르지. 유명 관광지에서는 더 많은 관광객이 머물 수 있도록 호텔이나 관광시설을 짓기 위해 자연을 훼손하는 일이 많아지고 있어. 관광산업의 이익은 다국적 호텔 체인이나 여행사에만 돌아가고 지역의 주민들은 환경파괴와 교통대란 등의 피해만 겪는 경우가 많아.

우리나라에서도 이런 사례는 얼마든지 볼 수 있어. 설악산 국립공원 정상까지 케이블카를 놓으려 한다거나 지리산 일대에 산악관광열차를 놓으려는 계획도 모두 관광객 유치를 위해서야. 지나치게 많은 관광객들이 몰리는 '오버투어리즘'으로 여행지의 부동산 가격이 폭등해 정작 현지 사람들이 집을 잃는 경우도 많아. 프랑스의 대표적인 관광도시인 파리, 칸, 니스는 일반 가정 집의 90% 이상이 여행자 숙소로 등록되어 주민들이 살 집이 부족하거든.

'그린워싱'도 관광에서 시작된 말이야. 이 말은 생물학자이자 환경운동가인 미국인 제이 웨스터벨트가 처음 사용했어. 그는 대학원생 시절 연구를 위해 남태평양 피지 섬에 머물렀어. 어느 날 방문한 리조트에는 객실마다 '환경을 위해 수건을 재사용해 주세요'라는 메시지가 있었어. 더 많은 방갈로를 짓기 위해 산호초를 파괴하고 섬의 물과 에너지를 모조리 가져다 쓰는 리조트에서 기껏 수건 한 장 덜 쓰는 걸로 '환경보호'를 운운하는 걸 보면서 '그린워싱'이라는 말을 만든 거야. 그는 이 같은 내용으로 칼럼을 기고했고 이후부터 그린워싱은 환경을 파괴하는 본질적인 사안은 그대로 둔 채 이미지나 홍보의 수단으로만 환경보호를 흉내 내는 걸 뜻하는 말이 되었어.

비행기 여행을 줄이는 것 이외에 환경을 위해 우린 어떤 여행을 해야 할까? 여행하는 동안 되도록 탄소를 덜 배출하도록 해야겠지. 일회용품을 사용하지 않고 친환경적인 숙소와 교통수단을 이용하는 것부터 시작할 수 있을 거야. 지역의 공동체에 미치는 영향을 최소화하며 여행자의 소비가 지역을 이롭게 하는 여행이면 더 좋겠지. 여행지의 생태계에 피해가 가지 않도록 하며 생태계를 돌보는 체험을 해보는 것도 좋을 것 같아.

소비지향적이고 현지에 대한 존중이 없는 여행이 아닌 착한여행, 공정여행, 생태여행을 지향하는 여행사를 활용할 수도 있을 거야.

착한여행을 도와주는 여행사

트래블러스맵 travelersmap.co.kr

여행산업 내부의 여러 관계에서 공정성과 책임성을 중요하게 여기는 공정여행을 원칙으로 하고 있다. 유럽, 아시아, 중남미 등의 투어 프로그램을 운영하고 있다.

착한여행 goodtravel.kr

안전하고 공정하며 기후친화적인 여행, 현지 주민들과 깊은 교류를 지향하는 여행사이다. 배를 타고 세계일주를 하는 피스보트부터 우리나라의 작은 도시들을 방문하는 프로그램까지 다양한 여행 프로그램이 있다.

공감만세 fairtravelkorea.com

지역의 자립과 지속가능한 발전을 돕고 세계평화에 기여하는 여행 프로그램을 만드는 곳. 청소년 여행학교, 평화기행, 각종 재난 및 긴급구호활동을 펼치고 있다.

제주생태관광 sayecojeju.com

제주도의 자연과 환경을 보고 배우고 지키는 여행 프로그램을 만드는 곳. 청소년들을 위한 제주도 수학여행, 평화여행 프로그램도 있다.

착하게 여행하기

#착한여행 #쓰레기_없는_여행 #걷는_여행

이제부터 엄마는 환경에 덜 해롭고 모두에게 이로운 여행에 대해 이야기하려고 해. 첫 번째로는 어딜 가든, 얼마나 가든 상관없이 여행 짐에는 수저와 컵, 텀블러, 손수건 등 개인 용품을 챙겨야 해 . 나라에 따라 식당에서도 무조건 일회용품을 제공하는 곳들이 있거든. 우리 가족이 일본에 갔을 때 식당에서 주는 일회용 나무젓가락 대신 챙겨 간 수저와 젓가락을 사용했던 거 기억하지? 손으로 음식을 먹는 나라도 있어. 그런 문화에선 너도 손으로 음식을 먹어 봐. 처음엔 어색하고 불편할 수 있는데, 익숙해지면 내 손이 가장 좋은 도구라는 생각이 들기도 하거든.

해외에서 숙소를 정할 때 호텔이나 리조트보다는 마을 주민들이 직접 운영하는 숙소나 홈스테이를 하면서 현지 사람들을 친구나 이

웃처럼 만나는 경험을 해 봐. 엄마는 필리핀 보홀과 세부에서 생태 관광 프로그램을 이용한 적이 있는데 안내해 주는 분의 집에서 머물렀어. 그래서 여행이지만 친구네 집에 놀러온 것처럼 지낼 수 있었지. 리조트의 수영장 대신 마을 사람들이 노는 해변에서 스노쿨링도 했고 모닥불에 생선을 구워 먹는 경험도 했어. 안내자 분의 어머니가 해 주시는 요리를 엄마가 정말 맛있게 먹으니까 여행을 마칠 때 그 어머니께서 일부러 요리를 싸 주셔서 마치 외갓집에 갔다 오는 기분을 느끼기도 했지.

어디에서 머물든 지역의 자원을 소중히 여기는 마음으로 물이 부족한 지역에선 물을 아끼고, 전기가 자주 끊기는 곳에선 가전제품 사용을 줄이는 게 좋겠지. 먹는 것도 그 지역에서 가장 많이 나는 것, 지역 분들이 일상에서 먹는 걸 먹고, 그중에서도 채식 식단을 선택하면 좋겠지.

어디에서 어떻게 지내든 쓰레기가 나오지 않도록 하는 건 기본이고, 어쩔 수 없이 생긴 쓰레기라면 제대로 처리하고, 만약 쓰레기 처리 시설이 갖춰지지 않는 곳에 갔다면 내가 만든 쓰레기를 가져와야 해. 엄마는 해외에 가면 일단 그곳에선 쓰레기 배출을 어떻게 하는지부터 찾아봐. 나라마다 분리배출법도 다르고 쓰레기 처리 방식도 다 다르거든. 한편으로 쓰레기 처리 방식만 봐도 그 나라의 문화를 알 수 있어.

야생동식물이 풍부한 곳으로 여행을 갔는데 체험 프로그램이 있다면 어떻게 동식물을 만나는지도 잘 살펴봐야 해. 엄마가 라오스에 갔을 때 코끼리를 구조해 돌보는 곳에 방문했는데 그곳에서조차 코끼리 등에 가마를 올려 타고 숲을 한 바퀴 도는 프로그램이 있더라고. 엄마와 일행은 코끼리를 타는 대신 그 시간만큼 강가로 데려가 목욕하며 쉬도록 했어. 고래를 보러 간다면 고래를 방해하지 않으며 멀찌감치 보는 건지, 쫓아다니며 오히려 괴롭히는 건 아닌지 확인해야 해.

여행자들이 한꺼번에 너무 많이 몰리는 곳은 여행지와 여행자 모두에게 좋지 않아. 여행자들 때문에 물가와 땅값이 올라 원래 살던 사람들이 쫓겨나는 '젠트리피케이션'이 일어날 수 있거든. 하루 방문자가 제한되고 방문을 위해서는 미리 예약을 해야 하는 곳이라면 어느 정도 관리를 하는 곳으로 볼 수 있겠지.

울진의 금강소나무 숲길은 예약탐방제로 운영되고 있어. 이곳은 금강소나무 유전자를 지키기 위한 유전자보호구역이고 멸종위기동물인 산양의 서식지이기도 해서 사람들이 많이 오지 않는 게 좋아. 그래서 녹색연합과 산림청, 울진 주민들은 고민 끝에 이 숲길을 열 때부터 하루 80명만 올 수 있게 했어. 방문객들은 해설사와 함께 숲길을 걸으며 안내를 받아. 예약이 어렵지만 한번 다녀온 사람들은 아름다운 이곳을 꼭 지키기 위해 예약 탐방제를 유지한다고 해.

여행할 때 차를 타는 것보다는 걷거나 자전거를 타는 트래킹, 하이킹 같은 걸 권하고 싶어. 이건 에너지를 아끼고 탄소배출을 줄이기 위해서이기도 하지만 걸으면서 만나는 자연은 차를 타고 지나쳤다면 놓쳤을 것들이거든. 제주 올레길, 지리산 둘레길, 동해안 해파랑길, 울진 숲길 같은 걷는 길을 찾아보는 것도 좋을 거 같아.

네가 더 커서 어른이 되었을 땐 여행을 하며 어디에서든 보탬이 될 만한 일이 있다면 시간과 마음을 내어서 참여해 봐. 그러면 작은 수고에 비해 훨씬 더 큰 경험을 얻게 될 거야.

여행상품을 이용할 땐 무조건 싼 상품은 피해야 해. 가끔 항공료보다 더 싼 여행상품이 나올 때도 있는데 이런 상품을 이용하면 결국 여행지에 가서 강제 쇼핑을 당하거나 예정에 없는 곳을 가게 될 수도 있어. 무엇보다 내가 정당한 비용을 지불하지 않으면 누군가 대신 노동력과 시간을 착취당하게 되거든.

쉬고 싶고, 놀고 싶고, 즐기고 싶어 떠나는 여행에 챙겨야 할 게 왜 이렇게 많냐고? 모든 행위에 책임을 져야 하니까. 그렇게 어른이 되는 거야. 여행도 자연과 사람에게 모두 이롭게 하고 덜 해로운 방법을 찾아야겠지.

산에서
우리는 손님

#보호구역 #가리왕산 #메가스포츠

어른들 중엔 취미가 등산인 사람이 많아. 절대로 이해 못하겠다고?
아마 지금은 그렇게 말해도 너도 좀 더 자라면 산을 찾을 걸? 너희
도 어릴 때 엄마랑 아빠랑 자주 산에 갔었어. 어릴 때 보고 느꼈던
산에 대한 감각이 몸과 마음 어딘가에 분명 잘 남아 있을 거야. 힘들
게 걷다 보면 어느 새 봉우리에 올라서 시원한 바람을 맞던 기억. 멀
리서 보면 그저 높다란 봉우리지만 그 속에 들어가 걷다 보면 숲의
흙과 나무, 벌레, 새, 다람쥐 모두 가까워지고 어느새 나도 숲속에 어
울리는 사람이 되는 것 같은 느낌이 들지. 산 둘레를 걷기만 해도 몸
과 마음이 개운해지고 새 소리만 들리는 고요함과 적막함 속에서도
뭔가 채워지는 것 같았어.

훼손되지 않은 자연 그대로의 모습을 간직한 큰 산에선 웅장함

엄마의 환경수업

에 압도되고 자연에 대한 경외감을 한없이 느끼게 돼. 건강을 위해, 경치를 보기 위해, 정상에 오르고 싶어서, 좋은 공기를 마시기 위해, 저마다 산에 드는 이유는 다르지만, 힘들어도 다시 산을 찾는 것은 산이 주는 이런 느낌들 때문일 거야.

지금 너희에게는 산에 오르는 것보다 훨씬 더 재밌는 게 많겠지만 얼마 지나지 않아 너도 다시 산을 찾을 거라고 생각해. 그때 네가 다시 찾을 산이 훼손되지 않고 그대로이면 좋겠어. 낮고 너른 산도 그대로, 험하고 가파르고 높은 산도 그대로 말이야. 산은 숲속 모든 생명들의 집이야. 우리가 산에 갈 땐 남의 집을 방문하는 손님처럼 예의를 갖춰야 해. 시끄럽게 하지 않고, 쓰레기를 버리지 말고, 정해진 길로만 다니는 게 예의야. 또 산을 개발해 이용해야 한다면 사람뿐만 아니라 산의 모든 생명들에게도 해롭지 않은 이용이어야 해. 현실은 어떨까? 산에도 화장실부터 가로등, 통신시설 같은 모든 편의시설이 있어야 한다고 생각하는 사람들이 있어. 동네 뒷산에도 가로등을 설치해야 하고 이른 새벽이나 밤늦게까지 안전하게 등산을 할 수 있어야 한다고 말해. 그러나 아무리 작은 뒷동산이라도 그 숲엔 수많은 벌레와 새, 다람쥐, 청솔모 같은 작은 동물들이 살고 있어. 야행성 동물들도 있을 거고. 한밤중에도 꺼지지 않는 불빛은 어떤 동식물에겐 치명적인 위험이 될 수 있어. 우리의 편의나 안전만큼 숲속 생물들의 생활도 중요하다는 걸 잊지 말아야 해.

243

평창동계올림픽 활강경기장 건설 전후의 가리왕산 모습. 조선 시대부터 보호구역으로 지정되었던 가리왕산의 한 사면이 단 3일 동안 열리는 동계올림픽의 활강경기장으로 쓰이느라 무참히 파괴되었다. 원래 올림픽이 끝난 후 복원하기로 되어 있었지만 약속은 지켜지지 않았다.

특히 다 같이 보호해야 한다고 지정한 산이라면 더더욱 그래. 국립공원, 산림유전자립보호구역, 백두대간보호구역 같은 곳들이 바로 그런 곳이야. 그러나 이렇게 보호구역으로 지정된 곳에서도 엄격하게 이용이 제한된 곳은 일부분이야.

지난 평창동계올림픽 때 활강경기장을 짓기 위해 12만 그루의 나무가 베어진 가리왕산은 조선 시대 때부터 왕실에서 보호해 왔던 숲이야. 아직도 이 숲엔 조선 시대 때 일반인들의 출입을 금지하는 표식으로 세운 '정선강릉부 산삼봉표'가 남아 있어. 가리왕산은 식민지와 전쟁을 거치면서 대부분의 산림이 파괴되었던 우리 땅에선 보기 힘든 천연림 지역으로 희귀식물의 보고였어. 환경부에서 정한 녹지자연도 9등급의 절대 보존지역이자 산림유전자보호구역이었어. 산림유전자보호구역은 가치 있는 산림의 유전자와 종을 남기기 위해 절대적으로 보전하는 지역을 말하는 거야. 특히 활강경기장이 예정되었던 곳은 '풍혈지대'라고 땅 아래에서 계속 찬 바람이 나와 사시사철 낮은 온도를 유지했던 곳으로 기후위기 시대, 한반도 식물들의 마지막 피난처라고 불리리던 곳이야.

이렇게 보존해야 할 이유가 넘치는 숲조차 동계올림픽 때문에 파괴되었어. 지금 이 숲엔 귀한 나무 대신 곤돌라가 돌면서 관광객을 기다리고 있어.

녹색연합이 권하는 아름다운 산행 방법

1. **산에서 우리는 손님이다.**

   산의 주인은 나무와 풀, 곤충과 야생동물, 흐르는 물과 쌓인 흙임을 기억한다.

2. **쓰레기는 물론, 과일껍질도 반드시 챙겨서 가져온다.**

   작은 새나 곤충은 껍질에 배어 있는 아주 적은 양의 농약을 먹고도 목숨을 잃을 수 있다.

3. **내 물건을 산에 두고 오지 않듯 산에서 나는 것을 가져오지 않는다.**

   도토리, 밤, 잣 등을 무단 채집하는 것은 동물의 먹이를 빼앗고 자연을 훼손하는 것이다.

4. **무심코라도 소음을 내지 말자.**

   동물들은 소리에 민감하다. 배낭에 매달린 컵이 부딪히는 소리, 휴대전화, 라디오 등 우리의 작은 소음도 동물들에겐 스트레스다.

5. **다녀간 흔적을 남기지 말자.**

   나뭇가지에 표식기를 달거나 '00 다녀감' 같은 낙서를 하지 않는다.

엄마의 환경수업

6. 내 향기보단 자연의 향기를 맡는다.

야생동물은 냄새에도 아주 민감해서 진한 화장이나 향수 냄새 역시 좋지 않다. 산에서 만큼은 자연의 향기를 느껴보자.

7. 불씨가 될 만한 건 절대 가져가지 않는다.

산불은 산에 깃들어 사는 모든 생물을 죽이는 일이다. 라이터 등 불씨는 아예 가져가지 않는 게 좋다.

8. 정해진 탐방로가 아닌 곳은 가지말자.

탐방로를 벗어나면 위험할 수도 있고 야생동물을 만날 확률도 높아진다. 산에서 우리의 길은 정해진 탐방로라는 것을 기억하자.

9. 무리한 산행을 하지 말자.

몸이 아프거나 체력이 떨어진 상태, 날씨가 좋지 않는 날, 한밤중 등 상황이 좋지 않을 때 무리한 산행을 하면 사고를 당하기 쉽다. 안전한 산행을 하자.

10. 오감을 열어 대자연을 만나자.

빨리 정상에 오르는 것보다 아름다운 경관, 상쾌한 바람, 나무 냄새, 새의 지저귐을 만나는 데 집중하자.

우리나라에서 법과 제도에 의해 가장 잘 보존되고 있는 자연은 국립공원이야. 국립공원은 전담 인력들이 보존과 보호를 위해 관리하고 개발을 금지하지만 모든 지역에 해당되는 것은 아냐.

국립공원 안에도 절대적으로 보호해야 하는 지역이 있고 관광객이나 마을 주민들을 위해 어느 정도 개발이 허용된 곳이 있어. 설악산 오색 케이블카는 절대적으로 보존해야 하는 공원자연보존지구에 설치될 예정이야. 설악산엔 이미 케이블카가 하나 있어. 그런데 지자체에선 더 많은 관광객을 유치하겠다고 설악산 정상인 대청봉에 가깝게 케이블카를 설치하려고 오랫동안 시도해 왔어. 국립공원인 설악산의 공원자연보존지구 내에 시설물을 설치하기 위해서는 국립공원위원회의 심의와 환경부의 환경영향평가를 거쳐야 해. 이뿐

지난 40년 동안 여러 차례 설악산에 케이블카를 놓으려는 시도가 있었지만 그때마다 정부는 국립공원이자 천연기념물인 설악산을 그대로 지키는 것을 택했다. 하지만 최근 정부는 지난 40년의 결정을 뒤집고 설악산 케이블카 설치를 허가했다.

아니라 산 전체가 천연기념물인 설악산은 문화재청의 문화재심의위원회의 심의도 통과해야 하지.

　케이블카가 멸종위기종인 산양의 서식지를 포함해 여러 핵심 보호구역을 관통하고 설악산의 경관을 해친다는 이유로 각 부처에서는 몇 차례나 허가하지 않았어. 그때마다 지자체와 정치인들은 행정법원에 소송을 제기해 모든 절차를 무력화하며 케이블카 사업을 계속 시도했어.

케이블카를 설악산 정상까지 설치하면 어떤 일이 벌어질까? 정상까지 많은 사람들이 몰릴 것이고, 이전보다 더 많이 훼손되겠지. 1960년대까지 설악산 어디서든 만날 수 있었던 산양은 늘어나는 등산객 때문에 점점 더 깊은 산속으로 숨어 들어 한때 멸종 직전까지 몰렸었어. 1990년대 이후 국립공원이 관광지가 아니라 보호구역이라는 인식이 확산되면서 산양도 다시 개체수가 늘어나 지금은 3백여 마리가 살고 있어. 소송은 사람들이 아니라 산양이 해야 하지 않을까. 제발 내 집을 그대로 두라고 말이야.

설악산에 케이블카가 놓이면 다른 국립공원에도 연쇄적으로 놓일 가능성이 높아. 국립공원, 천연기념물, 유네스코생물권보전지역, 산림유전자원보호지역, 백두대간 보호지역. 이렇게 다섯 가지의 보호지역으로 지정된 설악산에 케이블카가 설치된다면 다른 곳은 안될 이유가 없거든.

외국의 어느 유명한 산에도 케이블카가 있는데 왜 우리나라에만 안 되냐고? 이미 우리나라에는 전국적으로 관광용 케이블카가 46개나 있어. 국립공원 같은 보호구역이 아닌 곳 중에서 가능한 모든 곳에는 진작에 설치했다고 봐야겠지.

국토가 좁은 우리나라의 국립공원은 생태적으로 매우 민감해. 야생동식물의 서식지가 국립공원 내 공원자연보전지구에 집중되어서 케이블카는 물론 작은 개발 사업만으로도 생태계가 교란되기 쉬워. 해상국립공원을 제외하면 우리나라 국토의 1%만이 개발이 제한된 공원자연보존지구야. 야생동식물과 인간 모두를 위해서 국토의 단 1%만이라도 자연 그대로 보존하자는 주장이 무리일까.

산에 가자. 그러나 꼭 정상에 오를 필요는 없어. 힘닿는 만큼만 올라가도 좋아. 산 둘레를 천천히 걸어도 좋고 산 아래 마을에 머물며 바라만 봐도 좋아. 산을 경험하는 방법은 여러 가지겠지만 야생동식물의 서식지를 훼손하고 이용하다가 돌이킬 수 없는 길로 접어드는 것 만큼은 피하면 좋겠어. 그리고 우리가 가려는 산이 자연 그대로 있었으면 좋겠어. 적어도 '자연환경보호법'에 의해 지정된 국립공원만큼은 말야.

곰이
행복할 권리

#사육곰 #웅담 #CITES #동물복지사

동물원을 좋아하지 않는 엄마도 찾는 동물원 있어. 거기엔 꼭 만나야 할 동물이 있거든. 바로 반이, 달이, 곰이인데, 이름만 들어도 알겠지? 맞아. 반달곰들이야. 이 반달곰들은 원래 웅담 채취용으로 농가에서 사육되고 있던 곰들이야.

우리나라에서 곰은 멸종위기동물로 지정되어 보호받고 있어. 그런데 한편 농가에서 사육되는 곰도 있어. 한때는 천 오백여 마리까지 있었고 아직도 3백여 마리가 있어. 그 곰들은 웅담 채취용으로 사육되다가 10살이 되면 도살돼. 이 일은 1981년부터 시작된 오래된 이야기야. 당시 정부는 곰, 호랑이, 늑대 같은 대형 동물을 수입해 키워 다시 수출하는 것이 농가의 큰 소득이 된다며 장려했었어. 특히 곰은 잡식성이라 키우기 쉽고 판매 가치도 높아서 1980년대 초 말

청주동물원엔 웅담채취용으로 사육되다 구조된 반달가슴곰 반이, 달이, 들이가 살고 있다. 동물원이 신기한 동물을 관람용으로 전시하는 곳이 아니라 야생에서 살기 힘든 동물들을 구조해 돌보는 곳으로 점차 바뀌고 있다.

레이시아 등에서 5백여 마리를 수입해 왔어. 지금 남아 있는 곰들은 모두 이 때 들여온 곰들의 후손이야. 그러나 전 세계적으로 멸종위기동물을 보호해야 한다는 움직임이 커지면서 1985년 7월 우리나라도 공식적으로 곰 수입과 수출을 금지했지. 그리고 1993년엔 '멸종위기에 처한 야생동·식물의 국제거래에 관한 협약'CITES에 가입했어. 곰을 키웠던 농가들은 1987년 이후 해외수출이 막히면서 대책을 세워야 했어. 이때 정부는 제대로 된 대책을 세우지 않고 농가에 곰을 도축해 판매하라고 권했고 1999년에는 곰의 웅담채취가 가능하도록 법을 바꾸기도 했어. 멸종위기동물을 보호하기 위한 전세계의 노력이나 관심과는 무관한, 시대에 역행하는 결정이었어. 우리나라와 중국에서만 웅담채취를 위해 곰을 사육하고 있어서 세계의 야생동물보호단체들이 주목하는 나라가 되어 버렸어.

녹색연합은 2003년부터 전국을 돌며 곰 사육 현장과 중국과 우리나라 약재시장을 살피며 웅담판매현황을 조사했고 우리나라 곰 사육 실태를 사람들에 알리고 대책을 마련하기 위해 애써왔어. 곰 사육 농가와 정부를 설득해 2014년엔 사육곰이 더 이상 증식되지 않도록 모든 개체의 중성화 수술을 시행하도록 했고 잘못된 정책에서 비롯된 일인 만큼 정부가 이 일에 책임을 지고 곰을 모두 구출해 안정적인 공간에서 돌보기를 주장해 왔어. 2022년 1월 드디어 정부는 2026년까지 곰 사육을 모두 중단하고 전남 구례와 충남 서천에 곰 보호시설을 만들기로 결정했어. 2023년 12월엔 사육곰을 소유, 사유, 증식하지 못하도록 야생생물법이 개정되었어.

녹색연합은 곰 사육농가에서 곰을 구출해 수명이 다할 때까지 안전하게 살 수 있는 곳도 찾아봤어. 적당한 곳을 찾기 어려웠는데 마침 청주동물원에서 곰을 받아주기로 했어. 야생으로 돌려보내는 게 좋지 않냐고 묻는 사람들도 있는데, 철창 안에서 태어나고 자란 곰들은 야생에선 살 수가 없어. 청주동물원은 작은 규모의 동물원이지만 동물복지에 깊은 관심을 가진 수의사와 동물복지사들이 동물원 환경을 개선하기 위해 노력하고 있는 곳이야. 그래서 청주동물원에서는 '사육사' 대신 '동물복지사'라는 호칭을 사용하고 있어.

청주동물원으로 간 곰들은 잘 있냐고? 물론이지. 평생을 철창으로 만들어진 좁은 우리에서 아주 적은 사료만 먹고 자란 곰들이 동물원에 와선 과일, 호박, 견과류, 고기 같은 다양한 먹을거리를 배불리 먹고 있어. 수의사와 동물복지사들의 돌봄을 받으며 너른 공간에서 뛰어놀고 있어. 해먹에 누워 잠을 자고 있는 모습, 타이어로 만든 그네에 매달려 노는 모습을 보면 예전에 철창 속에서 쉴 새 없이 머리를 흔드는 등 정형행동을 하던 그 곰이 맞나 싶더라고.

동물들을 인위적으로 가두어 본성을 잃게 하는 동물원을 엄마는 별로 좋아하지 않아. 그런데 청주동물원에 계신 김정호 수의사님의 글을 보고 생각이 조금 바뀌었어. 김정호 수의사님은 동물원이 언젠가는 사라져야 하지만 동물원에서 태어나고 자라 야생에서 살아갈 힘을 잃은 동물들이 여생을 안전하게 마치는 곳으로, 야생에서 다친 동물들을 치료하고 보살피다 다시 야생으로 돌려보내기 전 잠시 머무는 공간으로는 필요하다고 했어. 엄마도 그런 이유라면 당분간은 동물원이 필요하겠다는 생각이 들었어.

바다를 즐기기 전에 먼저 할 일

#비치코밍 #플로깅 #해양쓰레기

산? 바다? 물으면 너는 언제나 바다지? 바다에서 나고 자란 엄마는 언제나 바다가 좋고 그리워. 시원하고 넓은 품으로 반겨주는 동해 바다도 좋고, 썰물 때 바닷물이 다 빠져 넓게 드러난 갯벌 위에서 수 많은 생물들이 꼬물거리는 서해 바다도 좋아. 동해 바다에선 볼 수 없었던 섬들이 옹기종기 솟아 있는 남해 바다는 신비롭지.

그런데 요즘은 바다에 가면 먼저 속상한 마음부터 들어. 맞아. 바 닷가의 쓰레기 때문이야. 엄마 눈에는 아름답고 신비하고 시원한 바다의 풍광보다 쓰레기가 먼저 보여. 그래서 바다에 가면 쓰레기부터 줍게 되었어. 하지만 아무리 치워도 바로 다시 쓰레기가 쌓여. 쓰레 기로 몸살을 앓던 바다가 이제 더는 참을 수 없다며 토해 놓는 것만 같아.

비치코밍 중인 사람들. 바다가 더 이상 감당할 수 없다는 듯 토해 놓는 쓰레기가 어느 해변에나 즐비하다. 쓰레기가 바다로 들어가 물고기 먹이가 되지 않도록 열심히 줍고 있다. 바다가 깨끗해지면 사람들의 얼굴과 마음도 밝아진다.

어쩌면 육지로 밀려온 쓰레기는 그나마 다행인지 몰라. 우리가 치우기라도 할 수 있으니까. 이보다 큰 문제는 바다에 떠 있는 쓰레기이고 제일 큰 문제는 이미 바다 밑으로 가라앉은 쓰레기야. 11km가 넘어 에베레스트 산도 잠길 만큼 깊은 바다인 마리아나 해구의 바닥에서조차 겨울왕국의 엘사가 그려진 풍선이 발견되었어. 이렇게 가라앉은 쓰레기들이 바다에 어떤 해를 끼치고 있을까?

바다로 여행을 간다면 바닷물에 발을 담그는 것보다 먼저 쓰레

6장 ∞ 지구별의 착한 여행자

기 줍는 걸 권하고 싶어. 너른 바닷가에 버려진 쓰레기를 우리가 다 해결할 수는 없겠지만 적어도 눈에 보이고 손에 잡히는 쓰레기만이라도 같이 줍자. 아예 쓰레기를 주우러 바다로 여행을 가는 건 어떨까? 해변^{Beach}을 빗^{Comb}으로 빗듯이 꼼꼼히 청소한다는 뜻인 '비치코밍'이라는 단어가 있어. 조깅을 하면서 쓰레기를 줍는 '플로깅'과 더불어 비치코밍은 하나의 문화로 자리잡고 있어.

살고 있는 지역의 바닷가에 모여 정기적으로 쓰레기를 줍는 사람들도 있고 청소할 사람이 부족한 외딴 섬을 일부러 찾아 쓰레기를 줍는 사람도 있지. 스킨 다이빙이나 스쿠버 다이빙을 하는 사람들이 쓰레기를 치우러 바다로 들어가기도 해.

바닷가에서 쓰레기를 버리는 일은 절대 하지 말아야겠지. 내가 만든 쓰레기는 들고 나와서 제대로 버리고 버릴 곳이 마땅치 않다면 들고 집으로 와야 해. 바닷가에 어설프게 둔 쓰레기는 다시 바다로 흘러 들어가거든.

엄마는 자연엔 쓰레기통이 없다고 생각해. 산이나 바다에 가서 만든 쓰레기는 무조건 집으로 되가져 오는 걸 기본으로 생각하는 거야. 놀러 갔다 돌아오는 가방에 쓰레기가 담겨 있는 걸 당연하다고 여기면 어떨까.

엄마의 환경수업

바다쓰레기를 줍는 사람들

해쓰부(해양쓰레기청소부) @hsb_cleaner

매달 첫째 주 주말 1박 2일 동안 전국의 섬에서 백패킹과 해양정화활동을 함께 진행한다.

세이브제주바다 savejejubada.com

매주 제주 해변에서 비치클린 활동을 한다. 비치클린 일정과 장소가 한 달 전부터 홈페이지에 공개되므로 확인하고 참여할 수 있다.

인천녹색연합

정기적으로 영종갯벌 등 인천 지역의 갯벌과 해안가를 청소하는 '서해반짝 남해반짝' 행사를 진행한다.

쓰줍인(쓰레기를 줍는 사람들) @sseujubin_official

전국 곳곳에 쓰줍인 모임이 있어 인스타그램을 확인하고 모임에 참여하면 정기적으로 쓰레기를 줍는 활동과 환경공부 등의 모임에 참여할 수 있다.

페셰 pesce.co

서핑을 즐기는 이들이 모여 바다도 청소하고 서핑도 하고 서핑 용품을 업사이클링해 판매하기도 한다.

디프다 제주 @diphda_jej

1~4월에는 '봉그깅 해변', 5~12월에는 '봉그깅 바당'활동으로 제주를 청소하는 단체, 봉그깅과 바당은 각각 줍다와 바다라는 뜻의 제주어이다.

도전! 환경 골든벨

1. 지질연대표를 만드는 국제층서위원회는 인류의 활동이 지구 시스템에 영향을 끼쳐 홀로세 시대가 끝나고 새로운 지질시대가 시작되었다고 말한다. 이 새로운 지질시대를 무엇이라고 할까?

   _____

2. 기후위기 대응은 두 가지 방법으로 나뉜다. 기후위기의 원인인 온실가스를 감축하는 '완화' 방법이 있고 다른 하나는 예상되는 기후재난 상황을 대비하는 것이다. 이 방법을 뜻하는 말은?

   _____

3. 세계기상기구와 유엔환경계획이 기후변화 상황을 과학적으로 평가하고 대책을 마련하기 위해 공동설립한 기구이다. 195개국이 회원국으로 참여하고 있으며 2007년 기후변화 대응을 위해 노력한 공로로 노벨평화상을 받은 기구의 이름은?

   _____

4. IPCC는 인류가 기후위기로 회복 불가능한 재난 상황을 맞지 않으려면 지구평균기온 상승을 2100년까지 몇 ℃로 제한해야 한다고 하였을까?

   _____

5. 아프리카 사하라 사막의 사헬지대가 건조해지자 물을 찾아 사바나 지역으로 대거 이동하는 사람들을 지칭했던 말이다. 환경의 변화로 생존을 위해 고향을 떠나는 사람들을 일컫는 이 말은 무엇일까?

_____

6. 태평양의 섬나라 키리바시는 기후위기로 인한 해수면 상승으로 국토가 잠기고 있는 나라이다. 그래서 이웃 나라 피지에 땅을 사서 국민들이 삶의 터전을 옮길 준비를 하고 있다. 이들의 이주를 무엇이라고 하는가?

_____

7. 우리나라의 제주 바다에 사는 이 산호가 수온이 오르면서 사라지고 있다. 대신 열대 바다에서 자라는 경산호가 그 자리를 대신하게 되었다. 한송이 꽃 같이 생긴 이 산호의 종류는 무엇일까?

_____

8. 하루 최고 기온이 33℃를 넘으면 이것이라고 한다. 호우나 태풍보다 압도적으로 많은 인명 피해를 주고 있는 여름철 재난은 무엇일까?

_____

9. 배출된 이산화탄소에서 흡수 또는 포집된 이산화탄소를 뺀 양을 순 배출량이라고 한다. 이 배출량을 0인 상태로 만드는 것을 무엇이라고 하는가?

10. 인간의 활동이 지구의 모든 요소에 영향을 미치지만 어느 정도까지는 회복이 가능하다. 그런데 그 영향이 어느 지점을 넘어서게 되면 지구도 더 이상 회복력을 발휘하지 못하고 파괴된다. 기후과학자인 파울 크루천, 제임스 핸슨, 요한 록스트룀이 만든 이 개념은 무엇일까?

11. '지금까지 하던 대로'라는 뜻으로 기후위기 상황에서 당장 우리가 버려야 할 태도로 'BAU'라는 말을 사용하는데 이것은 어떤 말의 이니셜일까?

12. BTS가 뮤직비디오를 촬영했던 곳으로도 유명한 이 해수욕장은 삼척에 위치하고 있다. 이곳에서는 우리 정부가 2021년 탄소중립을 선언한 것이 무색하게 석탄발전소가 지어지고 있다. 이 해수욕장의 이름은 무엇일까?

13. 태아를 포함해 10세 미만의 어린이들로 구성된 이들은 2030년까지 2018년 대비 온실가스 배출을 40% 감축하겠다는 정부의 목표가 미흡하다며 자신들의 생명권과 행복추구권의 보장을 요구하는 헌법소원을 청구했다. 이들의 이름은 무엇일까?

14. 음식이 나에게 오기까지의 이동거리를 계산해 음식이 기후변화나 환경오염에 미치는 영향을 나타내는 개념을 뜻하는 말은?

15. 필리핀의 민다나오에서 수출용 작물로 재배되고 있는 과일이다. 이 과일의 재배를 위해 소형비행기를 이용해 공중에서 농약을 살포하면서 지역 주민들은 '우리는 해충이 아니다'라며 농약공중살포반대운동을 하고 있다. 이 작물은 무엇일까?

16. 건강식품으로 알려지며 수요가 급증한 열대우림에서 자라는 과일이다. 돈이 되는 작물이 되면서 멕시코에서는 분쟁을 일으키는 주범이 되었다. '숲속의 버터'로 불리는 이 과일은 무엇일까?

도전! 환경 골든벨

17. 동물은 '고기'를 얻는 원재료에 불과한 것으로 보며 키워서 도축하는 단계마다 비용과 시간을 가장 덜 들이는 방식을 말한다. 좁은 공간에 많은 동물을 키우고, 먹이도 살을 찌우는 데 최적화된 곡물사료를 준다. 이러한 축산 방식을 무엇이라 하는가?

---

18. 세계의 곡물 생산량은 지난 20년 동안 50%나 증가 했지만 기아 상태는 나아지지 않았다. 곡물 중에는 가축을 먹이거나 이것을 생산하기 위해 사용된다. 자동차의 연료로 사용되는 이것은 무엇일까?

---

19. 의류업체들이 최신 유행을 반영해 값이 싼 옷을 대량으로 생산해서 유행이 지나면 바로 폐기하는 방식의 의류 산업을 일컫는 말은?

---

20. 유전자조작농산물이라는 점 이외에도 농약과 살충제의 36%가 이 작물에 뿌려지고 있어서 문제가 되고 있다. 대표적인 재배국가인 인도에서는 농민들이 농약으로 인해 많은 피해를 입고 있다. 이 작물은 무엇일까?

---

21. 쓰레기를 줄이는 5가지 방법인 5R은 거절하기인 Refuse, 줄이기를 뜻하는 Reduce, 재사용을 뜻하는 Reuse, 썩히기를 뜻하는 Rot, 그리고 나머지 하나는 무엇일까?

_____

22. 합성섬유 재질의 옷을 세탁할 때마다 70만 개의 이것이 배출되는데 이것은 강과 바다로 흘러들어가 생태계를 교란시키며 피해를 주고 있다. 잘게 쪼개진 플라스틱이라는 뜻의 이것은 무엇일까?

_____

23. 화장품을 만들 때 동물실험을 하지 않았다는 걸 뜻하는 라벨에는 이 동물의 그림이 그려져 있다. 이 동물은 실험에서 눈에 샴푸나 마스카라를 바르는 실험으로 심한 고통을 받았다. 대표적 동물실험의 대상이 된 이 동물을 무엇일까?

_____

24. 유해화학물질인 옥시벤존과 옥티노세이트는 바다 생태계에 치명적으로 작용한다. 수영장 6개의 크기에 단 한 방울만 들어가도 모든 산호초를 점멸시킨다. 그래서 이 성분이 들어간 선크림 사용을 금지하는 나라가 늘어나고 있다. 이 물질들이 함유되지 않은 선크림을 구분하는 표기는 무엇일까?

_____

25. 대동여지도에는 중초도라고 되어 있고 꽃이 많이 피어서 꽃섬으로 불릴 만큼 아름다운 곳이었다. 그러나 1970년대부터 서울의 쓰레기 매립지로 사용되다가 1993년 매립을 종료하고 이제는 생태공원이 조성되었다. 한강변에서 두 개의 큰 산모양으로 보이는 있는 이곳의 이름은 무엇일까?

_____

26. 플라스틱 제품에 포함된 화학물질 중 일부는 우리 몸속에 들어가 마치 호르몬처럼 작용하며 내분비계를 교란시켜 성조숙증, 주의력결핍, 피부질환 등을 일으킨다. 이 물질을 일컫는 말은?

_____

27. 자연에서 추출한 자원을 사용 후 폐기하지 않고 재활용, 재사용해 폐기물 발생을 없애고 새로운 자원추출을 줄이는 방식의 경제를 일컫는 말은?

_____

28. 시민들이 물건의 포장재를 뜯어 마트에 반납하는 등 플라스틱으로 과대포장 된 물건을 생산하고 유통하는 기업에 항의하는 행동을 일컫는 말은?

_____

29. 플라스틱 쓰레기 중에서 재활용율이 높아 따로 분리배출하도록 하는 이것은 무엇일까? 실로 만들어 옷감으로 재활용 되거나 녹여서 다시 이것을 만들기도 한다. 얼마 전까지 일본에서 수입해서 사용하기도 했던 이 플라스틱의 종류는 무엇일까?

---

30. 안전한 생리대를 고르기 위해서는 생리대 포장지에 있는 이것을 확인하는 것이 좋다. 생리대뿐만 화장품, 의약품처럼 안전과 밀접한 제품들의 포장에 제품의 모든 구성요소를 표시하는 이것을 무엇이라 하는가?

---

31. 스웨덴에선 운행거리 대비 가장 많은 탄소를 배출하는 이 운송수단을 타지 않는 운동을 벌이며 '플리그스캄'이라는 신조어가 만들어졌다. 이 운송수단은 무엇일까?

---

32. 환경보호를 이미지나 홍보의 수단으로만 사용하면서 본질적인 환경문제는 감추는 행위를 일컫는 말은?

---

33. 우리에 갇힌 동물들이 스트레스로 인해 왔다갔다하거나 몸을 흔드는 등의 행동을 반복적으로 하는 것을 일컫는 말은?

도전! 환경 골든벨

34. 우리나라엔 상업적 용도로 우리에서 사육하는 곰이 3백여 마리나 있다. 이 곰들은 무엇을 얻기 위해 사육되었을까?

_____

35. 조깅을 하면서 쓰레기를 줍는 '플로깅'과 함께 최근 만들어진 신조어로 해변을 빗으로 빗듯이 꼼꼼하게 청소한다는 뜻의 단어는 무엇일까?

_____

| 정답 |

1. 인류세
2. 적응
3. IPCC
4. 1.5℃
5. 기후난민
6. 존엄이주
7. 연산호
8. 폭염
9. 넷제로
10. 지구위험한계선
11. Business As Usual
12. 맹방 해수욕장
13. 아기기후소송단
14. 푸드마일리지
15. 바나나
16. 아보카도
17. 공장식 축산
18. 바이오에탄올
19. 패스트패션
20. 목화

21. Recycle
22. 미세플라스틱
23. 토끼
24. Reef-Safe, Coral-Safe
25. 난지도
26. 재활용 정거장
27. 순환경제
28. 플라스틱어택
29. 투명 페트병
30. 전성분 표시
31. 비행기
32. 그린워싱
33. 정형행동
34. 웅담
35. 비치코밍

도전! 환경 골든벨

참고문헌

| 1장 |

『공생자 행성』 린 마굴리스 저, 이한음 역, 사이언스북스 2007

『사피엔스가 장악한 행성』 사이언 L. 루이스·마크 A. 매슬린 저, 김아림 역, 세종서적, 2020년

『지속 불가능 자본주의』, 사이토 고헤이 저, 김영현 역, 다다서재, 2021

『우주 산책』, 이정규 저, 이데아, 2015

『인류세』, 클라이브 해밀턴 저, 정서진 역, 이상북스, 2018

'인류세' 대표 지층은 캐나다 '크로퍼드 호수', 한겨레신문(2023.07.12.)

| 2장 |

『지구 온난화 1.5도 특별보고서』, IPCC, 2018

『기후를 위한 경제학』, 김병권 저, 착한책가게, 2023

『녹색노동조합은 가능하다』, 노라 래첼 외 저, 김현우 역, 이매진, 2019

『기후변화와 한반도 생태계』, 녹색연합, 2019

『울진삼척 산양 서식지 산불피해 조사 보고서』, 녹색연합, 2023

『2050 거주불능 지구』, 데이비드 월러스 웰즈 저, 김재경 역, 추수밭, 2020

『성장의 한계』, 도넬라 H 메도즈 외 저, 김병순 역, 갈라파고스, 2021

『모두를 위한 지구』, 상드린 딕슨 외 저, 추선영 외 역, 착한책가게, 2023

『우리의 얼음이 사라지고 있다』, 셀리 라이트 저, 이승호 외 역, 푸른길, 2019

『에너지 노예, 그 반란의 시작』, 앤르 니키포룩 저, 김지현 역, 황소자리, 2013

『지구 한계의 경계에서』, 요한 록스트룀 외 저, 김홍옥 역, 에코리브르, 2017

『기후변화가 이누이트의 일상에 미친 영향』, 이용균 저, 대한지리학회, 2018

『적을수록 풍요롭다』, 제이슨 히켈 저, 김현우·민정희 역, 창비, 2021

『생명으로 돌아가기』, 조아나 메이시 외 저, 이은주 역, 모과나무, 2020

『파란하늘 빨간지구』, 조천호 저, 동아시아, 2019

『침묵의 범죄 에코사이드』, 조효제 저, 창비, 2022

「시민참여를 통한 사회, 경제적 환경 여건별 폭염 체감영향 분석」, 채여라, 황인철 외 저, 한국환경연구원, 2019

『도넛 경제학』, 케이트 레이워스 저, 홍기빈 역, 학고재, 2018

3장

『우리가 음식을 먹을 때 말하지 않는 것들』, 매리언 네슬 외 저, 솝희 역, 현암사, 2022

『내일은 못 먹을지도 몰라』, 시어도어 C 듀머스 저, 정미진 역, 롤러코스터, 2021

『탄소로운 식탁』, 윤지로 저, 세종서적, 2022

『달콤한 바나나의 씁쓸한 현실』, 이시이 마사코 외 저, 권용 역, 회화나무, 2021

『우리가 날씨다』, 조너선 사프란 포어 저, 송은주 역, 민음사, 2020

「Standing Farm」, Global Witness, 2023

4장

『대한민국 화장품의 비밀』, 구희연·이은주 저, 거름, 2009

『패스트패션』, 기획집단 MOM 저, 그림씨, 2022

『슬로뷰티, 삶을 바꾸는 비건화장』, 김희성 저, 목수책방, 2021

『지구를 살리는 옷장』, 박진영·신하나 저, 창비, 2022

『풋워크』, 탠시 E. 호스킨스 저, 김지선 역, 소소의 책, 2022

『벌거벗은 패션사』, 프레데리크 고다르 외 저, 이진희 역, 그림씨, 2023

5장

『환경호르몬의 반격』, D. 린드세이 벅슨 저, 김소정 역, 아롬미디어, 2007

『이러다 지구에 플라스틱만 남겠어』, 강신호 저, 북센스, 2019

『우린 일회용이 아니니까』, 고금숙 저, 슬로비, 2019

『평화의 산책』, 김성란 저, 목수책방, 2018

『플라스틱 수프』, 미힐 로스캄 아빙 저, 김연옥 역, 양철북, 2020

『나는 쓰레기 없이 살기로 했다』, 비 존슨 저, 박미영 역, 청림라이프, 2013

『난지도』, 정연희 저, 신아출판사, 2021

『플라스틱 바다』, 찰스무어 저, 이지연 역, 미지북스, 2013

『도둑 맞은 미래』, 테오 콜본 외 저, 권복규 역, 사이언스북스, 1997

『플라스틱 아틀라스』, 하인리히 뵐 재단 외 저, 움벨트 역, 작은것이아름답다, 2022

『그건 쓰레기가 아니라고요』, 홍수열 저, 슬로비, 2020

『지금 우리 곁의 쓰레기』, 홍수열·고금숙 저, 슬로비, 2022

6장

『코끼리 없는 동물원』, 김정호 저, 엠아이디, 2021

『안녕하세요, 비인간동물님들!』, 남종영 저, 북트리거, 2022

『지속가능한 여행을 하고 있습니다』, 홀리 터펜 저, 이지혜 역, 한스미디어, 2021

『사육 곰, 36년의 이야기』, 녹색연합, 2017